書書坊

汉语的世界

中国文化演讲录

熊召政 著

陕西师范大学出版总社

图书代号：WX17N0181

图书在版编目(CIP)数据

汉语的世界：中国文化演讲录/熊召政著. —西安：陕西师范大学出版总社有限公司，2017.5
ISBN 978-7-5613-8962-1

Ⅰ.①汉… Ⅱ.①熊… Ⅲ.①中华文化—通俗读物 Ⅳ.①K203-49

中国版本图书馆CIP数据核字（2017）第058739号

HANYU DE SHIJIE——ZHONGGUO WENHUA YANJIANGLU

汉语的世界——中国文化演讲录

熊召政 著

选题策划	刘东风　郭永新
责任编辑	王奉文
封面设计	古涧文化
出版发行	陕西师范大学出版总社
	（西安市长安南路199号　邮编：710062）
网　　址	http://www.snupg.com
印　　刷	西安市建明工贸有限责任公司
开　　本	787mm×1092mm　1/16
印　　张	14
插　　页	2
字　　数	140千
版　　次	2017年5月第1版
印　　次	2017年5月第1次印刷
书　　号	ISBN 978-7-5613-8962-1
定　　价	38.00元

读者购书、书店添货或发现印装质量问题，请与本公司营销部联系、调换。
电话：(029) 85307864　85303629　传真：(029) 85303879

目录

1 文学的江湖
8 茶中的故乡
26 兴亡千载说昭君
38 苏东坡的历史观
53 文化是长江的灵魂
61 汉语的世界
79 寻找城市的灵魂
94 没有故乡，哪里有乡愁
105 历史故事中的『三严三实』
127 自然之美涵养我们的心灵
133 我对旅游的认识
151 神农与神农架
164 文化自信是一切自信的前提
181 中华传统文化对当今时代的影响
200 《司马迁》的创作心路
211 不住象牙塔，要坐冷板凳

文学的江湖

今天，在人们的语言习惯中，江湖几近于一个贬义词。如"江湖骗子""江湖术士""江湖老大""跑江湖的"等等，凡沾上江湖二字，要么与黑道有关，要么与坑蒙拐骗有关。因此，骚人墨客、高僧大德们，对这两个字避之唯恐不及。但是，如果让我们穿过时间的隧道，回到唐代，回到宋代，回到明代，我们就会发现，江湖不仅会给我们带来一个又一个曲折的故事，也会给我们带来一段又一段美丽的乡愁。晚唐诗人李商隐在他的《安定城楼》诗中有这样两句：

永忆江湖归白发，

欲回天地入扁舟。

比李商隐生活的年代要早一些，与杜甫差不多同时期的刘长卿，在《别严士元》这首诗中，也有两句：

日斜江上孤帆影，

草绿湖南万里情。

这首送给朋友的诗写于苏州，但他是动身前往湖南再到湖北，上任随州刺史时而写出这首诗的。他在诗中分别写到了江，写到了湖，而没有把江湖连在一起赞颂。李商隐的诗写于公元838年，即唐文宗开成三年。这一年，李商隐二十六岁，是他考中进士的第二年，写于宁夏的泾源。当时的李商隐血气方刚，才华横溢。由于受到朝廷"牛李党争"的牵连，仕途受到影响，在抑郁难伸的状态下写出了这首诗，以上所引用的是五六句，三四句是两个典故"贾生年少虚垂涕，王粲春来更远游"，贾生指的是汉代贾谊。这是汉代一位杰出的文学家，也是政治家，他在朝廷为官，对朝政之批评既有见地，也见性情，他说当时的朝政"可为痛哭者一，可为流涕者二，可为长太息者六"，但是，他的政见不为朝廷所欣赏，最终被贬到长沙当一个小官。诗中另一个人物王粲，是三国时期从中原逃难前来依附荆州刺史刘表的。他在湖北登当阳城楼时写下的《登楼赋》，为一时之绝唱。李商隐歌颂的两个人，一贬湖南，一窜湖北。而这两个人的才情，无论是文学还是政治的，都为李商隐所欣赏，所以，他才会由这两个人而想到，自己有朝一日实现了政治抱负后，就会学范蠡那样"泛舟五湖"而归隐江湖。这里所说的江湖，就是指湖南、湖北和江西三省。在清代雍正之前，湖南与湖北是一个省，称湖广，明代的"湖广填四川"，就是以湖南湖北的人口填充四川。

但江湖成为一个词，却与佛教有关。

产生于印度的由释迦牟尼创立的佛教，自东汉传入中国，历时六百余年到唐朝中叶，才因禅宗的确立而完成了佛教本土化的转变，这是一次漫长而又伟大的文化的创新。在这次创新中，禅宗具有划时代的意义。从某种意义上说，长江的中游，特别是大别山脉，是佛教本土化的根据地，除了禅宗始祖达摩在河南少室山中九年面壁，二祖慧可、三祖僧璨都是在安徽的太湖山、潜山中修行，四祖道信、五祖弘忍都是在湖北黄梅的山中修行。达摩、僧璨、慧可三代祖师，几乎都是"单传"，到了四祖道信，才创立了农禅并举的丛林制度，五祖弘忍让这一制度发扬光大，使出家人有了自给自足的能力。如果说过去的禅宗领袖，只能收一两个徒弟，那么到了四祖特别是五祖，却可以把寺庙变成一所颇具规模的"学校"。这种扩充，就能够保证让更多的优秀的出家人集合到他的身边修行。事实上，五祖弘忍的弟子，几乎全是他所在那一时期的中国出家人中最为优秀的禅师，他们在中国佛教史上的地位和影响，丝毫不亚于孔子的七十二贤人。其中最优秀的，莫过于慧能与神秀。慧能被称为禅宗六祖，因为弘忍将袈裟传给了他。现在，出家人所修持及研读的经典，几乎全部都是从梵文译介而来，唯有慧能的一部《坛经》，是地地道道的"中国创造"。从此后，弘忍与慧能、神秀的弟子们，在长江中部的皖、湘、赣、鄂四省掀起了一次又一次佛教文化创新的高潮，数以百计的大宗师们在这片土地上诞生。当时，凡是修行者，都要到这四个省的丛林中寻找高僧大德皈依，听他们讲授佛法，启沃心智。那时候，若一位禅师自称得道，便会有人问他："你行脚江湖了吗？"可见，到没到过"江湖"，是衡量一位禅师是否得道的重要条件。如果回到公元9世纪，我们会看到长江中部四省几乎每一条通往深山古刹的山道上，都有素衣芒鞋的僧人在"行脚"，他们背着简单的行囊，跋涉千山万水，去寻找他们心中念想的大宗师。

佛教的江湖由此诞生。这是中国中世纪最为灿烂的人文风景。由佛教我想到了文学，其中，湘、鄂、赣、皖四省形成的文学江湖，在中国文学和文化史上，恐怕也是独一无二的。让我们来看一份名单：

湖南：周敦颐、李东阳、王船山、魏源、萧三、丁玲、周立波、沈从文、田汉、张天翼、钱歌川、康濯……

湖北：屈原、宋玉、孟浩然、"公安三袁"、聂绀弩、曹禺、胡风、叶君健、闻一多、秦兆阳、废名……

江西：陶渊明、欧阳修、王安石、曾巩、黄庭坚、朱熹、姜夔、汤显祖、陈三立、陈寅恪、程抱一、古龙……

安徽：曹操、曹丕、曹植、嵇康、张籍、方苞、姚鼐、刘大櫆等桐城文派，戴名世，现代的胡适、朱湘、朱光潜、张恨水、苏雪林、台静农、吴组缃、路翎……

这份名单是我信手拈出，并不涉及对四省文学的总体评价，但仅就我所知晓的这些文学家，已可看出他们足够的分量。

大家知道，《楚辞》是代表了战国时期中国最高文学水平的文学作品，而屈原与宋玉二人正是《楚辞》的奠基人，特别是屈原，他的《离骚》《天问》《九歌》等作品，被称为中国诗歌的源头，屈原也成为中国有史以来第一位伟大的诗人。谈到魏晋南北朝文学，毫无疑问，曹氏父子三人是这一时期的翘楚，特别是曹操，他的若干名篇，千百年来一直脍炙人口。唐宋时期，如果要找中国的文学高地，则非江西莫属了。唐宋古文八大家，江西独占三席，他们是欧阳修、王安石、曾巩。在他们之前的晋朝的陶渊明，被称为中国诗人的隐逸之宗。在他们之后的明代的汤显祖，被称为中国的戏剧之父，被誉为中国的莎士比亚。最后来说湖南，在古代，湖南出的大作家并不太多，但到了近现代，湖南异军突起，出了一大批影响了中国社会进程的文人骚客，如曾国藩、左宗棠、谭嗣同、毛泽东等等，这些文人多半从政、从儒。但是，他们骨子深处还是文人，他们仍然以诗词歌赋来抒发忧国忧民的情怀，他们的诗词作品与他们的人生经历须臾不可分开，也正因为如此，他们的作品才在民间长久地流传。除了这些有着文学情怀的职业政治家，近现代的湖南作家还是风起云涌、蔚为大观，如丁玲、周立波、张天翼等等，当然首推的还应该是沈从文。

行脚四省文学的江湖，我们不但看到历代文学大宗师们不曾减却的光芒，而且还能领略到不同流派散发出的恒久魅力。在佛教的江湖里，禅宗最后分成了曹洞、沩仰、云门、法眼、临济五派，我们常称之为"一花五叶"。在文学的江湖里，历代的文学流派也各呈异彩，如宋代江西的古文流派，明代湖北的公安派、竟陵派，清代安徽的桐城派，等等。

说到文学的江湖，我们不能不提及流寓到这片土地上的历代文坛巨匠，他们在这里写下了千古不朽的名篇。如唐代柳宗元，在湖南写下了《永州八记》；李白酒隐安陆蹉跎十年，写下了大量的流传后世的诗作；王勃游历南昌，写下了《滕王阁赋》；宋代的苏东坡谪居黄州四年，写下了一词两赋，一词是《念奴娇·赤壁怀古》，两赋是《前赤壁赋》《后赤壁赋》；还有范仲淹接受滕子京的邀请而写出的《岳阳楼记》……上述散文，无一不是传世名篇，无一不是中国文学史上的巅峰之作。

习近平总书记在2014年10月15日文艺座谈会上的讲话指出，当前的文艺作品有"高原"没有"高峰"，反观历史中长江中部四省的文学江湖，完全可以自豪地说，是既有高原更有高峰。

我个人认为，这几年所说的"中部崛起"，虽然是针对中部的经济现状提出的一个战略，但崛起的不仅仅只是经济，也应该是文化。明朝中叶，随着长江及其中部水系的治理成功，水患大大减少，便产生了"湖广熟，天下足"的民谣。仅仅湖南湖北的丰收，天下人就会丰衣足食，这是一件多么值得骄傲的事情。由此而推想，如果通过中部四省每一位作家、艺术家的努力，我们文学的江湖赢来一个又一个的丰收年，这些精神的食粮，不也可以让我们的国人得到健康而饱满的享受吗？观诸当下，实现这个愿景我们还得付出艰辛的努力，返观历史，实现这个愿景也并非虚妄，因为，眼前的这一条长江滋润的这一片土地，既然可以养育出历代的大宗师们，相信也会滋养我们，激励我们，磨炼我们，成就我们！

2015年1月6日
在首届"长江文化论坛"的演讲

茶中的故乡

多少年前，我曾写过一首诗，其中有这样两句：茶是归乡的小路，月是异地的亲人。随着岁月的增长，我不再青春年少，而是两鬓斑白华发满头。但我对故乡的感情却一直未曾改变，岂止是没有改变，而是乡愁越来越浓了。英山是我的家乡，这是一片血染土地三尺红的地方，仅仅在大革命时期，这个当时只有十六万人口的小县，就牺牲了七千余名烈士；英山还是千峰竞秀层峦叠翠的绿茶之乡，2014年，全县的茶园面积达到23.4万亩，与云南普洱、福建安溪一起位列全国三甲。花晨月夕之下，霜雾烟岚之中，看到山冲与河谷间连绵不断的茶园，心中便有诗情荡漾。如果此时漫步其中，耳听不紧不慢的鹧鸪啼声，再沐浴一点浓浓淡淡的春雨，相信你们会同我一样，认为这就是意想中的天堂，是现代版的桃花源。

早在1992年，英山就开始举办茶叶节，每年谷雨前后举行，一直办到2013年，办了二十二届之后，于2014年更名为茶文化旅游节。今年是第三届。尽管我参加过多次茶叶节，但作为嘉宾应邀出席首届茶文化旅游论坛并发表主题演讲，这还是第一次，因此备感荣幸。

茶是归乡的路，因为这条小路，我一次次走回家乡，也因为这条小路，我与来自各地的专家朋友今天在这里相聚，带着不同的眼光，分享共同的喜悦。

今天，我给大家演讲的题目是《茶中的故乡》。我将从四个方面来阐述我的一些研究，一些思考。

一、茶是我们的生活方式

1996年的秋天，我应邀前往贝尔格莱德参加国际和平笔会，此次笔会由联合国教科文组织主办，共有二十六个国家的作家与诗人参加，因为波黑战争，塞尔维亚共和国受到国际社会的制裁，没有汽油供应，整个贝尔格莱德成了一个巨大的停车场，几乎所有的私人小轿车都无法开动，大街小巷处处停满了废弃的车辆；食品短缺，我几乎每天都能碰到伸手向我乞讨的吉普赛人，当然也有年老的塞族老人和孩子，我也看到教士与修女尽可能帮助每一个落难的无家可归的人。可是，即便这样，塞尔维亚人依然热情、奔放，一到晚上，白日里死气沉沉的贝尔格莱德就会奇迹般地复活，每一个咖啡馆里都坐满了人，每一个画廊或各种艺术馆里都是穿梭不息的欣赏者。这种情绪感染了前来参加笔会的作家与诗人们。一到夜晚，我们会三三两两地结伴，坐在各个不同街区的咖啡馆里品尝咖啡，朗诵自己最新创作的诗。那时，我因为全身心投入《张居正》这部历史小说的创作，浸淫于故纸堆中，故显得有些不合群。而且最麻烦的是，我不喝咖啡，只肯喝茶。我当时带去的就是英山的云雾茶。由于能源紧缺，任何一家咖啡馆都不会提供免费的开水。加之语言的障碍，我无法购买便宜的开水，只好用两块美金买一小壶咖啡并说明不要往小壶里放置咖啡。当服务生送上这一壶开水时，我就拿出英山云雾来冲沏。很快，同行们把我当作一个古怪的人。有位自认为对中国有所了解的德国女诗人，将我沏好的茶品尝了一口，她立刻做出一种非常夸张的表情，她并不认为清香可口，而是感到苦涩。她殷勤地为我找来牛奶、砂糖，告诉我茶必须这样掺着喝才是正确的品饮方法。这让我哭笑不得，我无法用她熟悉的德语告诉她中国人已广泛使用的沏泡法。而且，随着日后见到更多的国际友人，我固执地认为用英语、德语、俄语、法语等世界各种优秀的语言来表达中国的茶艺，绝对没有汉语传神，而且还会因为缺乏对等的语汇而无法沟通。日本在这个问题上倒是没有语言障碍，因为九百年前他们就从中国输入茶道，大和民族对茶的理解与诠释，已渗透到了语言深处。

二十年前的贝尔格莱德之行,几乎所有的人与事都已经淡忘了,唯一还鲜活地存在我记忆中的只有德国女诗人教我如何品茶这个细节了。我当时并没感到滑稽,但日后回想起来,深感西方人对中国人的思维方式与生活习惯还相当陌生。

在中国传统文化中,儒、释、道三家的典籍汗牛充栋,从思想与精神的层面引导了国人的价值观与生存的态度;而烟、酒、茶这三种最为普遍的消费品,或可与之对应。纵观古今中外的历史,物质与精神密不可分。烟、酒、茶这三种产品兼具了物质与精神的双重特性。烟草与酒、茶相比,最晚进入国人的消费领域。十三年前我去香港,金庸先生在油麻地的大班餐厅宴请我,席间探讨明史,他问我明朝史料中有关万历皇帝抽烟的记载,我说正史中尚未发现,但《万历野获编》中却有香烟的记载。那时的香烟不叫香烟,而是叫淡巴菰。把烟草称为淡巴菰,是吕宋语言的音译。1575年(万历三年),烟草由吕宋即今天的菲律宾经由福建、台湾传入中国。四年后,意大利的天主教耶稣会传教士利玛窦把鼻烟带入广东,很快就传入北京。万历皇帝如果吸烟,首先应该是吸鼻烟,最早也应在1583年,那一年他二十一岁,一直严格管教他的张居正已经去世,抱着好奇心,他开始对淡巴菰产生了兴趣。

关于烟草,由于偏离茶的主题,这里不便多讲,但自它传入中国四百多年时间,其快速发展的历史也非常惊人。第二个是酒,它同茶一样，是地地道道的国粹，见之于官方史料与民间记载的，酒比茶还要早。

《诗经·小雅·大东》里讲到"或以其酒，不以其浆"，稍后的孟子与列子，均说到浆、汤、羹等，这些饮料，或是开水，或是度数很低的酒。从春秋战国至西汉出土的青铜器中，我们会发现大量的酒具。但发现的最早的茶具，是1990年在浙江湖州发掘的一座东汉晚期的墓葬中，有一只完整的青瓷贮茶瓮，其肩部有一个缺了笔画的"茶"字。所以说，国人饮酒先于饮茶。

虽然，我们都相信一个传说，即神农尝百草发现了茶，但真正"茶"字的出现却是东汉末年，也就是公元纪年之后，此前，说到茶时都用的是"荼"字，而荼不仅仅指茶，也指野菜、茅花等。在《周礼》一书中的"荼"字是否指的是茶，研究者一直持有截然不同的观点。

但是到了汉代，"荼"字含有茶的意义才可以确证，如西汉王褒写于宣帝神爵三年（前59）的《僮约》一文中有"武都买荼"的字样，"烹荼净具"的表述，这个"荼"字，在此专指的就是茶了。又过了一百多年，到三国曹魏时期，有一部名叫《广雅》的书中记载："荆巴间采茶作饼，成，以米膏出之，若饮，先炙令色赤，捣末置瓷器中，以汤浇覆之，用葱、姜芼之，其饮醒酒，令人不眠。"对于中国茶文化来讲，这段记载非常重要，不单是时间最早，而且还可以让我们从中看到一些重要的资料：第一，荆巴的地域概念，指今天的湖北西部与重庆、四川东部的大巴山区；第二，当时已有了专门制作茶叶的工坊，制作的方法是碾压成饼；第三，品饮时，要先烤茶饼，使其变红，这大概就是我们的红茶了。今天的普洱茶，仍沿用这种制作的方法使其成为茶饼；第四，烹饮的方法，将茶捣成茶末放进瓷器中（这同时也是最早的关于瓷器的记载了）。一千九百年前的古人，就知道瓷器是最好的茶具。用烧好的汤（即开水）浇覆，尔后加进葱、姜，很显然，这是最早的比较成型的品茶法，不过，这还不是饮茶，而是吃茶；第五，茶的功效是解酒，让人兴奋。

东汉末期，无论是在湖北出土的贮茶瓮，还是关于荆巴地区品茶的记载，说明的是一个问题，即中国的饮茶习惯是从长江流域开始的，并由此拓展到全国。而专门指称茶叶的"茶"字，在唐玄宗作序的《开元文字音义》中正式出现，应该是在公元8世纪中叶。稍后，陆羽撰写《茶经》。这是一部横空出世的茶文化专著。湖北的随州、神农架一带，有很多关于神农的传说。因此，随州被定为神农故里，陆羽也是湖北天门人。这两个湖北人一个发现了茶叶，一个规范了茶艺，在世界茶叶史上，这两个人可谓厥功至伟。

从"茶"字混用到专用的"茶"字，我们的祖先用了一千五百年；从第一次记录茶艺的《广雅》到体系完备理论精湛的《茶经》，我们专事茶叶研究的先贤也持续接力走过了六百年。所以说，任何一种文化都必须要经过时间的积淀，岁月的磨砺，时间可以打败一切，但时间不可能打败文化。

中晚唐时期，茶在民众日常生活中的比重日益增大，但是，饮茶成为国人生活中不可或缺的一部分，则是在晚唐开始，在宋朝普及。赵宋王朝建立不久，在公元977年，宋太宗诏令在福建的建州建立贡茶基地，此后一百余年间，逐步形成了一整套贡茶制度，而且贡茶的品种与范围不断扩大。到了徽宗时期，贡茶数量达到了四十一品二百余种，每年六万多饼，这时的茶饼大小不一，从一斤八个到一斤十二个不等。

我曾说过一个观点：风尚自上而下，风俗自下而上，上下联动是为风气。饮茶在宋代，既是风尚，也是风俗，更是风气。仅在宋代的都城汴梁，大大小小的茶坊就有一千余家。专营茶叶生意的茶行也有两百余家。所以，当时就有人感叹："君子小人靡不嗜也，富贵贫贱靡不用也。"民间产生这样的谚语："开门七件事，柴米油盐酱醋茶。"茶在国人生活中占据了极为重要的位置，以至王安石的改革文件中专门有一篇《议茶法》。他在文中论述："夫茶之为民用，等于米盐，不可一日以无。"茶在北宋，既是昂贵的奢侈品，也是低贱的消费品，普通百姓人家，花几个铜板就能买到一饼茶叶，而贡品级的茶，一瓶能贵到几两银子，价格相差百倍之多。品茶的风俗也由后唐五代十国时期的煎茶法过渡到了点茶法。所谓煎茶，即将茶与葱、姜、芝麻、黄豆等同煮，既可用蜂蜜，亦可用盐调味，无论是盐茶还是蜜茶，皆会加多种佐料一块煎煮。最终不但饮了茶汤，还会吃掉这些东西。北宋中期开始流行的点茶法，便摒弃了所有佐料，而是品饮单一的茶。但点茶法同今天的冲沏法仍有不同，点茶法的程序非常复杂，其用具多达三十余种。北宋的大书法家蔡襄以及稍晚的徽宗皇帝赵佶，都是点茶法的倡导者。为此，蔡襄专门写了一部《茶录》，这是宋代现存最早的茶论专著，赵佶也写了一本《大观茶论》。两本茶著中有专篇述写点茶的技艺，赵佶因此获得茶皇帝的美称。顺便说一句，宋朝也是中国茶叶专著最多的朝代，自唐及五代，茶叶专著有十二部，宋代却有三十部之多。

因此我们可以说，饮茶成为一种习俗是从宋代开始，从那时到现在，尽管已经过去了一千年，朝代更替了好几个，社会形态与生活习惯都发生了翻天覆地的变化。但是，中国人饮茶的方式，却一直未曾改变。

二、茶是我们的智慧媒介

晚唐时期住世的赵州从谂和尚，八十岁行脚到了赵州（即今天的河北赵县）柏林禅寺。由于他的名气太大，不少人都专程来柏林禅寺请他开释，不管来者提出多么高深的问题还是浅显的诉求，他都只用三个字回答："吃茶去。"

前面已经讲过，唐代品茶不是饮而是吃。赵州和尚让前来求教的人吃茶去，这种风马牛不相及的回答实在是令人失望。但是，如果让一个得道的人来看赵州和尚的回答，则无疑会称赞他是真正的善知识，难得的大禅师。他善于将复杂的问题简单化，将抽象的问题具象化。其实，禅的明白如话又不可捉摸之妙趣，同茶的自然天成又穷其变化的底蕴有异曲同工之妙。

与赵州和尚同时代的诗人卢仝，隐居河南少室山时，写过一首很有名的茶诗《走笔谢孟谏议寄新茶》，其中有这样一段：

> 一碗喉吻润，
> 二碗破孤闷。
> 三碗搜枯肠，
> 惟有文字五千卷。
> 四碗发轻汗，
> 平生不平事，
> 尽向毛孔散。
> 五碗肌骨清，
> 六碗通仙灵。
> 七碗吃不得也，
> 惟觉两腋习习清风生。
> 蓬莱山，在何处？
> 玉川子乘此清风欲归去。
> …………

这是卢仝得到好朋友谏议大夫孟简寄送的新茶写出的一首诗。以上所录的是其中的一段。后人将这一段单独摘出来名为《七碗茶歌》广为传颂。日本的僧人根据这《七碗茶歌》形成了他们独具特色的茶道，这茶道的七个层次分别为：喉吻润、破孤闷、搜枯肠、发轻汗、肌骨清、通仙灵、清风生。卢仝的《七碗茶歌》成为日本茶道的精髓。

茶道是一种非常奇妙的艺术，它既是物质的，也是精神的；既是智慧的载体，也是觉悟的钥匙。如果像今天一样，抓一把茶叶放在玻璃杯中或者一次性的纸杯中用保温瓶中的开水一冲，则茶只是一种廉价方便的饮料，它毫无精神价值可言，而且还俗不可耐。

卢仝的《七碗茶歌》问世的时候，赵州和尚大概六十岁，那时候，茶已获得中国士大夫以及出家人的喜爱。卢仝的诗很快就流传开来，赵州和尚肯定读过这首诗。据我推断，他肯定也认可卢仝对于茶的感知。他让求教的人"吃茶去"，就是希望他们能够由表及里，由浅及深，由此及彼，由实及空地理解品茶的奥妙，因为那实在是禅的奥妙。

近年来，我时常看到各地的茶楼中挂有"禅茶一味"一类的条幅。这个词被人用滥了，也挂滥了。但是，并没有几个人能真正理解其中的深意。我想，赵州和尚让人"吃茶去"，就是想让人达到禅茶一味的境界。如果你不理解禅，那么你就先学会品茶；如果你熟知茶味，那么也就知道了禅的味道。南宋诗人张抡，写了十首《诉衷情》词，其一为：

闲中一弄七弦琴。此曲少知音。多因淡然无味，不比郑声淫。 松院静，竹林深。夜沉沉。清风拂轸，明月当轩，谁会幽心。

这首词为我们勾画出茶道的真谛：只有在松院静、竹林深的环境中，只有在明月当轩的深夜，只有在弦琴弹奏着清雅小曲的时候，我们才有可能在一盏淡然无味的清茶中，看到自己来到这世间的一颗初心。

进入中年后，我仿效"一生好作名山游"的李白，走过了很多的名山大川，也品饮了不少好茶。在峨眉山金顶的暮鼓声中，我品过雪芽；在黄山潇潇的秋雨中，我品过猴魁；在武当山的紫霄宫中，我品过道茶；在武夷山的天心禅寺里，我品过禅茶；在澜沧江边的茶园里，我品过陈年的普洱；在泉州的大开元寺中，我品过铁观音。我曾笑言，"三千众香国，我取一瓢饮"。苏东坡说他"一蓑烟雨任平生"，我是一瓢茶水涤心灵。一个人如果功利心太重，就会浮躁，茶道从它诞生的那一天起，就是排斥功利，远离浮躁的。所以说，茶不仅是我们的生活方式，也是我们净化心灵的方式。

三、茶是一种巨大的商业利益

2013年3月，习近平总书记首次访问俄罗斯。他在莫斯科国际关系学院的演讲中，提到17世纪建立在中俄两国间的"万里茶道"。

去年的11月份，湖北省赤壁市举办了第六届世界茶叶大会暨第二届长江文化论坛，这次论坛的主题是"万里茶道与长江经济带"。在这次论坛上，中华文化促进会发布了《万里茶道全图》，这幅全图吸收了邓九刚先生的史学著作《茶叶之路》的考证、蒙古国和俄国现存的地图资料，也附有我创作的《万里茶道赋》。这次论坛以及《万里茶道全图》的发布，乃是响应习总书记在莫斯科国际关系学院的讲话，让三百年前这一段已经淹埋的历史重新复活。

作为世界的三大饮料之一，中国的茶叶是继丝绸、瓷器之后的第三大出口贸易商品。17世纪的万里茶道，便是一条由中国的南方福建、云南、四川、湖南、湖北等产茶大省穿过蒙古高原进入俄罗斯，终点是圣彼得堡。在长达两个多世纪的岁月中，中国南方产茶地生产的砖茶，通过闽帮、晋帮、川帮为主的中国商人以及俄罗斯商人源源不断地销往远东地区。

其实，茶叶作为商品，在汉代就已形成了市场。前面说过，西汉王褒的文中就有"武都买茶"这样的表述。既有买卖，就有市场。从唐代开始，茶税成了朝廷新增的税种，到了宋代，茶税已成为朝廷重要的财政收入。更重要的是，因为茶而产生了茶具、茶坊、茶行、茶点、茶戏、茶贩等完备的产业链。唐代的茶商已达到相当可观的商业规模。白居易在长诗《琵琶行》中说"商人重利轻别离，前月浮梁买茶去"。这个浮梁，就紧挨着景德镇，是唐代重要的茶产地。瓷器是最好的茶具。我猜想，由于浮梁茶，景德镇作为中国瓷都的存在，最早是从生产茶具开始的。

宋朝是中国茶产业高速发展的第一阶段。上至帝王下至乞丐无不都有着饮茶的习惯，使得茶产量大幅提高。到了徽宗时代，全国生产茶叶的州府，已由开国初期的二十余个上升到七十多个。饮茶不仅成为国人的习俗，而且还影响到毗邻的辽国、西夏以及吐蕃、回纥诸部。史料记载，茶贡成为每年向辽国输出岁币的主要品种之一。除了朝廷之间的岁输，民间的茶贸易额也逐年增大。

宋朝之后，明朝是茶产业的第二个高速发展期。今天，我们所说的云南、四川、贵州、山西等省份的茶马古道，几乎都形成于明朝。我们对茶马古道的通常理解，是用马帮贩茶走出的道路，这种说法无可厚非。但是，我个人的理解茶马古道是一种交易的方式。明朝的茶马交易由国家专营，即用茶叶与蒙古换取马匹，这是以物易物的贸易方式，利润丰厚。朱元璋建立政权后，一半出于对蒙古人入侵中原建立元朝的痛恨，一半出于闭关锁国的心态，他竟然将山海关外的东北以及嘉峪关外西北的大片国土弃之不要。并在东北至西北，沿线设置九个总兵府（通常称为九边）以监控"胡虏"，朱元璋眼中的胡虏即生活在两关之外的蒙古、回纥、党项等少数民族。这些游牧民族以肉食为主。为了帮助消化，饮茶成了他们一天也不能中断的习惯。但是，无论是东北还是西北，都是茶叶无法生长的极寒地区，他们只能从与明朝的贸易中获取茶。明朝廷也需要优良的战马，于是，茶马交易便成了一种基本国策，这项国策中不但有巨大的商业利益，也有控驭异族的战略意图。

但是，利益的诱惑还是让一些民间的商人铤而走险。商人中能耐大的会买通边关的守军官员，也有一些商人通过茶马古道建立秘密的贸易交通线。所以从朱元璋立国之初到张居正改革之前这一个半世纪，围绕茶马交易，官府与商人一直在玩猫捉老鼠、老鼠骗猫的游戏。朱元璋在世时，他的一个女婿因为买通边关守备私下进行茶马交易而被判处了极刑。张居正的万历新政，对朱元璋闭关锁国的政策做了调整，在南方的福建、浙江、广东等地有选择地开放了海禁，在北方九边建立一百多个贸易点，用作茶马交易。这些贸易点在明代的官方文件中，被称作板升城。当时最大的板升城，就是现在的内蒙古自治区首府呼和浩特。可以说，没有邓小平的改革开放，就不会有深圳市；没有四百年前张居正开放边境贸易，就不会有今天的呼和浩特。而17世纪的万里茶道，最大的茶贸易转输点就在呼和浩特。这一点，是下令建造呼和浩特这个板升城的张居正所绝对没有想到的。如果他泉下有知，一定会感到欣慰。

清朝以后，中国的茶叶规模并没有保持宋明两朝的上升势头，这一来是我们的茶道与茶艺不是在发展而是在萎缩；二来是受到了英国茶叶贸易的冲击。但不管怎么说，茶叶的商业利益一直存在，而且还有很大的上升空间。

四、茶是英山的未来

从地理的呈现来看，地球上的北纬三十度，几乎都是地质状况非常恶劣的地区，充满了沙漠、碱地与光秃秃的山脉，这一地带因为干旱少雨，不适合人类居住。但中国的北纬三十度却是一个奇迹，它源起于东面的太平洋，止于西部的喜马拉雅山脉，其间有星罗棋布的湖泊，有蜿蜒流淌的江河；有莺飞草长的平原，也有森林茂郁的山峰。这一地带雨量充沛，气候温润，土地肥沃，阳光灿烂。以北纬三十度为中轴线，往两侧各扩展三度，即北纬二十七度至三十三度，即是中国的长江流域，这是中国重要的农产区。随着人类治水经验的积累以及交通能力的提高，这一区域又是重要的商贸区。远在唐代，就有"扬一益二荆三"的说法。扬是扬州，益指益州，即今天的成都，荆指荆州。在一千五百多年前，这三座商业都会分别成为长江上游、中游、下游的区域经济文化中心。当年，南朝宋人就豪气干云地说要"腰缠十万贯，骑鹤上扬州"，这多少还是有一点土豪的心态。自汉代开始，中国的财富中心一直在南移，到了宋代，国家财政收入的百分之七十来自长江流域；再过三百余年到了明代，仅江浙地区，就为朝廷提供了超过一半的赋税，所以才有"太湖熟，天下足"的谚语产生。

在中国北纬三十度地带，还有一个更加奇特的现象，即中国最好的烟叶、酒与茶的产地都在这里。先说卷烟，上海的大中华，武汉的黄鹤楼，湖南的芙蓉王，还有苏烟、云烟、川烟等等，它们加起来可能占据了中国卷烟市场百分之七十的份额；再说酒，长江的支流赤水河上有四大名酒——茅台、习酒、郎酒、泸州老窖，再加上长江上游的五粮液、湖北的白云边、宜昌的稻花香、黄石的劲酒等等，它们要么是国酒之王，要么是区域翘楚。最后我要说到茶，杭州的龙井、太湖的碧螺春、黄山的猴魁、六安的瓜片、宜昌的采花毛尖、恩施的玉露、四川峨眉山的竹叶青、雅安的蒙山茶，无一不是中国绿茶的精品。在唐代，就流传了一句话，叫"扬子江心水，蒙山顶上茶"，这扬子江心，指的是镇江边上瓜州之侧的这一段长江，每年的烟花三月，自长江入海口上溯到这里来的刀鱼、河豚，味道最为鲜美。其实，自昆山、江阴至泰州，在这一季节里都能捕捞到刀鱼与河豚，但其味道均不如在镇江、扬州之间穿过的长江里的鲜美。这一段长江，便是扬子江心。我喝过扬子江心的水冲沏的碧螺春、安吉白茶，我也品饮过青弋江水冲沏的竹叶青、蒙山茶，均是最美的享受。遗憾的是，我还没有品饮过用扬子江心的水沏出来的蒙山顶上的茶。

中国的好茶很多，普洱、武夷岩茶、红茶，我都经常品饮，但喝得最多的还是绿茶。好的绿茶很多很多，但我品饮最多的，还是英山的绿茶。不为别的，乡情而已。

英山也是处在北纬三十度线上，是中国最好的茶产地。我这么说，不是说英山绿茶已经是中国最好的绿茶了，而是认为它具备成为绿茶极品的可能。

绵延千里的大别山，横跨鄂豫皖三省二十余县，在大别山主峰南侧的英山，雨量充沛、气候温润，适宜茶叶的生长。我们获得的数据，尽管英山茶叶的种植面积为全国第三，达到近23.4万亩，但产值却只有十四亿元，每亩产值不到七千元。应该说，这样的比值还相当地落后。不要说与普洱、安溪两县相比，就是比起西湖龙井，英山全县的茶产值还不如它的几座山头。我听说每年春天，西湖龙井、信阳毛尖等一些名牌茶叶的经销商，来英山收购原茶就地制作，然后贴牌销售。这说明了两个问题，一是英山的茶叶质量的确上乘；二是英山没有真正在全国叫得响的品牌和一流的茶企、茶商。"悟以往之不谏兮，知来者之可追。"如果我们提升茶叶的制作水平并增加更多的附加值，让每亩的产值翻五倍乃至十倍，应该不难。英山完全可以因茶致富，不仅仅是种植面积的大县，更应该是产值大县，收益大县。所以说，茶叶是英山的未来。只要做好了茶叶这篇文章，相信北纬三十度的奇迹，一定能在英山复制。

谷雨已经过去了三天，从二十四节气讲，这是春天的最后一个季节。记得小时候，清明节气比现在要寒冷一些，所以，那时的清明前茶极为少见，谷雨才是大量采摘春茶的季节。而现在，谷雨已是春茶的尾巴了，不只是春茶，就是本该三月开放的春花，在早春二月就已盛开。"人间四月芳菲尽，山寺桃花始盛开"，这种景象，即便是在海拔一千米的高山，现在也很难看到了。节候的变暖，让我们提前一个月就能喝到新茶，但那新茶香味太薄，醇厚不足，要想喝到真正的回味绵长的绿茶，正是现在这个时候。朋友们，不知你们现在的杯子里，那有着真正唐风宋韵的绿茶，能否让你们神清气爽，心情愉悦。

　　再次感谢你们倾听我的演讲。

2016年4月23日
在湖北省英山县首届"茶文化旅游论坛"的主题演讲

兴亡千载说昭君

一

大约是十二年前,我同自北京来的三位前辈文人一起来荆州及宜昌考察,此行一为参观建成的三峡大坝,二是参访张居正、屈原以及王昭君的故乡。同现在一样,那是一个深秋季节,庄稼已经收割,江汉平原从喧嚣走向了沉静。而秭归与兴山所处的巫山山脉中,却是从沉静走向了喧嚣。满山的红叶让我想起杜牧的"霜叶红于二月花"的诗句。秋之喧嚣是色彩的交响曲,当我第一次自香溪河畔踏上兴山的土地,我首先想到了两个最迷人的意象,一个是香溪河里的胭脂鱼,一个是纱帽山中的王昭君。大地上的水,哪怕有一分的燥热,一丝的不洁净,这胭脂鱼就无法生长;同样,如果山水有一点点的污秽，有一丝丝的丑陋，也不会滋养出王昭君这样的绝代佳人。胭脂鱼又叫桃花水母，我暗自思忖，胭脂与桃花，都会让人想到"美艳"这个词。在中国历代诗人的作品中，形容女人之美，都会借用胭脂与桃花这两个词。远在公元前5世纪，楚庄王的爷爷楚文王听说息国国王的夫人美艳，他不惜发动战争抢回了这位息夫人，后世称这位倾国倾城的美人为桃花夫人。

我在《张居正》的创作谈中，曾说到"爱情是政治的瑜伽"，在古代，无论是中国还是外国，因为女人而发动战争的例子绝不是个案。同样，用女人去换取国家的安宁或个人的利益，这样的故事也不胜枚举。为了博取心爱的女人一个笑容，周幽王不惜点燃烽火台，以至等到敌国进攻，烽火台真正报警时，却无人相信，导致周幽王的灭国之灾。同样为了社稷，面临安史之乱的唐玄宗，在六军不发的危急之时，不得不让自己的最爱杨玉环投缳自尽。最后，唐玄宗的暮年只能在苦苦的思恋中备受煎熬。从"从此君王不早朝"到"迟迟更鼓初长夜，耿耿星河欲曙天"，我们从白居易的《长恨歌》中读到了一个痴情君王的不幸。古往今来，爱情的悲剧总是让人潸然泪下。"此情可待成追忆，只是当时已惘然"，爱情的不幸总是让人同情，无论是唐玄宗与杨玉环，还是梁山伯与祝英台，将这一类爱情悲剧放在一起，总是让人心灵震颤。不幸的是，从兴山走出的王昭君，也是这悲剧中的一员。

在长江流域，大凡山环水绕的地方，总会充溢着阴柔之美，这种阴柔会滋生很多才子,也会滋生很多美人。兴山与秭归在古代是一个县,叫归州。这片土地上既诞生了才子屈原,也诞生了美人王昭君,两人都是悲剧的主角。历史上有一些时代值得我们歌颂,那是因为那个时代洋溢着善良与正直;有一些时代却为我们所诅咒,因为那个时代扼杀了美与真。

二

记得那次我来兴山,首先就去拜访了位于纱帽山的昭君故里。那里有一处碑林,刻了历代的名人大家写给王昭君的诗。他们的诗,在来兴山之前,我已读过一些,最有名的,莫过于杜甫《咏怀古迹五首》中的第三首,他是这样写的:

> 群山万壑赴荆门,生长明妃尚有村。
> 一去紫台连朔漠,独留青冢向黄昏。
> 画图省识春风面,环佩空归月夜魂。
> 千载琵琶作胡语,分明怨恨曲中论。

不知为何,在昭君故里重新读到这首诗时,我却莫名其妙地想到了巫山神女,并想到了宋玉的《高唐赋序》。楚国的大文学家宋玉在这篇赋中写到巫山神女对楚王情有独钟并自荐枕席。宋玉假神女之口说："旦为朝云,暮为行雨,朝朝暮暮,阳台之下。"将男女私情描绘为云雨之欢,这是宋玉的创造。在秦之前,王与女人的交欢,多少还有几分浪漫,但到了汉代,皇帝喜欢上了哪个女人,则被称为"宠幸",而被宠幸的女人则自称为"承恩"。

同在三峡之中,神话中的巫山之女与楚王创造了云雨之欢,而现实中的三峡女儿王昭君却没有这么荣幸,她始终没有"承恩"的机会,这才是她走上和番之路远嫁匈奴的主要原因。

在中国众多的历史人物中,有些人生前赫赫有名,但死后就渐渐被人遗忘,有的人却能够穿越迢递的时空,一代一代地相传。前者之冷落,在历史中代不乏人。像我写过的张居正,曾被梁启超评价"明只一帝,朱洪武是也;明只一相,张江陵是也。"但在民间,老百姓对他却知之甚少。还有一种人则是死后声名不衰,像荆轲、项羽、关羽、诸葛亮、曹操、蔡文姬、岳飞、柳如是、李叔同、蔡锷等等,毫无疑问,王昭君属于这类人,她死后甚至比生前更有名。

观诸历史,凡是死后有名的人,莫不都与文学有关系,那些一再被诗人、戏剧家、小说家、词曲家所青睐的人物,总会从远古走到现代,从历史走向民间。

昭君的经历其实很简单,一个乡村长大的美女经过层层选拔,成为皇帝名义上的女人。因为得不到皇帝的宠幸而最终被选为汉廷和番的女人,被送到蒙古高原,和一个陌生的匈奴王结婚。最终,她还是王的女人。

似乎从一开始，昭君和番就被文学家与历史学家定义为一个悲剧。比较可信的最早描写昭君的诗歌，是西晋的石崇。他在《王昭君辞并序》中写道："昔为匣中玉，今为粪上英。朝华不足欢，甘为秋草并。传语后世人，远嫁难为情。"石崇在西晋可不是一个普通人物，他曾担任过散骑常侍、荆州刺史等重要官职。他生活奢华，据《世说新语》记载：他家中的厕所修建得异常华美，里面设有绛帐、褥子、枕垫等用品，还准备了各种香水、香膏，通常还有十几个美女伺候，客人上完厕所，这些美女们就会上前帮客人脱下衣服，沐浴更衣。石崇认为，上过了厕所，衣服就得扔掉，不能再穿了。

石崇既是高官，又是大富豪，富可敌国，他的美艳妻妾宫女达数百人之多。就这样一个人，居然为王昭君写了一首诗，并以他自己的生活环境与人生阅历为出发点，想象王昭君嫁给匈奴王的种种不堪。从此，后世的文学家们，很少有人能够跳离石崇的基调来描写王昭君。王昭君哀哀戚戚，似乎是以千金玉体去侍奉虎狼之身。文学家们都哀叹昭君命运悲惨，倒是唐代的诗人王叡，写了一首《解昭君怨》，可谓别出蹊径：

莫怨工人丑画身，莫嫌明主遣和亲。

当时若不嫁胡虏，只是宫中一舞人。

历代诗人为王昭君写的诗词不下数百首，大家如沈约、卢照邻、骆宾王、孟浩然、李白、杜甫、白居易、李商隐、欧阳修、司马光、王安石、苏东坡、黄庭坚、陆游、元好问、耶律楚材、戚继光、曹雪芹等等，都各逞才情，写了许多好诗，但遗憾的是都没有跳出石崇的窠臼。但王叡却不一样，他认为昭君和番并不是悲剧，如果她留在汉宫皇帝身边，充其量只不过是宫廷众多舞女中的一位。在王叡看来，昭君留在汉宫才是悲剧。

这里面有一个问题值得探讨，即一位汉族的姑娘嫁给匈奴，是否就一定是屈辱和羞耻。石崇说昭君由"匣中玉"变为"粪土英"，以他的眼光，匈奴是尚未开化的人类。比西汉晚了一千多年的岳飞，在其词作《满江红》中依然说"壮志饥餐胡虏肉，笑谈渴饮匈奴血"，胡虏是对匈奴为代表的西北少数民族的蔑称。探讨昭君是否是悲剧人物，首先我们来回顾一下匈奴的历史。

三

远在战国时期，长久在蒙古高原游牧的少数民族，一直影响着汉族政权的安全。这也就是秦始皇修筑长城的原因。刘邦取得政权建立汉朝之后，将其臣民定义为汉人，不少少数民族也融进了汉人的队伍，应该说，中华民族的大融合远在汉朝初期就已开始。但是，以匈奴为代表的少数民族在西北、东北以及蒙古高原这广袤的区域活动，依旧对汉族政权构成了极大的威胁。

大约在高祖六年（前201）的晚秋季节，刘邦为了歼灭逃往匈奴地盘的韩王信，也想借机解除北边的威胁，于是率领三十二万大军前往平城（即今天的大同），那里已是黄河之北，距蒙古高原的和林格尔不到一百公里，刘邦一心想深入匈奴腹地打一场歼灭战，却没想到被匈奴冒顿单于率四十万大军围困于平城东南十几里地的白登山，七天七夜，粮草皆绝，又无援军，其时正在隆冬季节，许多战士手指头都冻掉了。如果不是陈平的奇计，匈奴松开了包围圈的一角，刘邦在勇士们的护卫下逃出生天。那么，汉朝的历史又将重写了。

大约十年前的初冬季节，我到了山西大同白登山和内蒙古自治区的和林格尔。那里十月飞雪，我记得大约是十月底我去的白登山，已是零下十度左右。我当时就想，这么寒冷的天气，在中原或江南长大的汉军将士们，怎么能打仗呢？游牧民族大都生活在高寒地区，马背是他们的家乡，风雪是他们的故人。所以，汉人与匈奴作战，若是在极寒天气，几乎没有战胜的可能。狼狈回到长安的刘邦，开始认识到对匈奴的作战不可能一蹴而就。加之政权始建，经历了多年战争的人民需要休养生息，于是审时度势，听从大臣娄敬的建议，对匈奴和亲。

高祖九年（前198），刘邦以同宗刘姓的女儿为公主，出嫁匈奴单于，这是和亲之始。从高祖到景帝五十年时间内，汉廷总共实行了七次和亲。从历史记载中得知：和亲不仅是选择一个漂亮的公主或宫女出嫁单于，更要随新娘带去大批的物资和财富。以美色和财富换取和平以及国家的发展时间，应该说，执政的皇帝是采取了明智之举。民间也因为和亲之举得到了休养生息的机会。

但是景帝死后，他的太子刘彻于建元元年（前140）十二月登基，斯时国内矛盾逐渐平息，国家财力得到空前发展，有着雄才大略的汉武帝再也不肯对匈奴采取忍让甚至是屈从的态度。建元六年（前135），相当于摄政王角色的窦太后去世，二十岁的汉武帝开始柄政，在做了一年多的准备后，他于光元二年（前133）开始了对匈奴的战争。从此在他柄政期间，对匈奴大的战争进行了二十余次。我们现在耳熟能详的那些将军如卫青、霍去病、李广、李陵等等，都是抗击匈奴的名将。大约在元狩二年（前121），在骠骑将军霍去病的进击中，匈奴昆邪王杀了休屠王，带领四万部众投降汉朝。汉武帝在他们的领地设武威郡和酒泉郡。后来，又从酒泉郡分出敦煌郡、武威郡分出张掖郡，这就是有名的河西四郡，也就是从那一年起，这本属于匈奴的故地永久并入了中华的版图。

汉武帝死后，因为连年的征战，国力再次疲弱，他的继任者是昭帝，昭帝的继任者宣帝再次采取了休兵息战、调养生息的政策。这时候，远遁朔方的匈奴再次连年侵扰汉朝的边境，但宣帝并不因此而轻易开战，而是采取怀柔政策缓和与匈奴的矛盾。宣帝死后，他的儿子刘奭即位，这是黄龙元年（前49）的十二月。第二年，匈奴呼韩邪单于上书元帝，称民众缺粮，希望汉朝救济。尽管国内因干旱歉收，元帝还是满足了呼韩邪单于的要求，从云中、五原两郡转运粮食两万斛供给匈奴。

在匈奴内乱之后,呼韩邪单于于竟宁元年(前33)主动到长安觐见元帝,并提出愿意当汉朝的女婿。元帝察觉到呼韩邪单于亲近汉朝的诚意,于是欣然答应。在以往的和亲中,都是找一个刘姓的女子以当朝皇帝公主的身份嫁给匈奴单于,这表明匈奴王与汉朝皇帝的关系是翁婿关系,双方并不平等,而是匈奴王低了一格。元帝为了表示与呼韩邪的亲密关系,他决定不再以公主的名义下嫁呼韩邪,而是在自己的后宫中挑选一位自己尚未亲幸的女子赐给呼韩邪为妻。这样,表明呼韩邪与他元帝身份平等,是兄弟关系。这样,选入汉宫不久,身份处在最低一等家人子的王昭君,才有可能成为呼韩邪的妻子。

四

关于昭君出嫁呼韩邪,历史上一直争论的是元帝钦点还是昭君自请。我觉得这一点并不重要。关于昭君出塞的具体时间和所走的路线,史家也一直争论,我认为这争论并不重要。因为今天的读者,对过于专业的考证并没有兴趣,但昭君和番是否是悲剧,对于当代人来说,恐怕是一个有兴趣的话题。

大约八年前,我去呼和浩特,顺便去了一趟青冢。这青冢是王昭君的坟墓,那规模格局,无异于内地一座帝王的陵寝。我当时就想,如果王昭君留在元帝身边，她终生恐怕都得不到元帝的亲幸，因为元帝用情专一，一辈子只爱两个女人，即傅昭仪和冯昭仪。昭仪是元帝为这两个女人特别设置的名位，地位仅次于皇后。他在位十七年，只爱这两个女人，从不移情别恋。因此不要说王昭君，即便是在她身份之上的美人、才人等等后宫女子，也很难得到元帝的亲幸。汉朝有规矩，凡是后宫被亲幸过的女人，死后才可进入皇帝的陵寝陪葬，若没有亲幸过，虽然她也是王的女人，但仍是女儿之身，死后只能葬在司马门外，即皇帝陵寝的院墙之外。以昭君的境遇，几乎可以断定，她在守活寡老死之后，只能葬在司马门外。但她嫁给呼韩邪单于后，却在死后给世间留下这么大一个青冢。这种结局，不但那些葬在司马门外的宫眷们不敢奢望，就是那些葬在皇帝身边的皇后、昭仪、美人、才人们，又何曾能够想到。

王昭君嫁了呼韩邪之后，汉廷给了她一个封号"宁胡阏氏"，阏氏读"焉支"，是匈奴语，即皇后的意思。当然，这阏氏并不等同于汉朝的皇后，汉皇帝们只有一个皇后，而匈奴王通常都有几十个阏氏。王昭君成了宁胡阏氏，由于年轻，也由于风姿绰约，很得呼韩邪单于的赏识和疼爱，她很快就为呼韩邪单于生下一个儿子。两年后，呼韩邪病死，按匈奴传位规矩，他的前妻所生的长子成了新的匈奴王，昭君又成为新王的阏氏。这位新王年纪也应在昭君之上，她又为新王生下两个女儿。如果留在汉宫，她只能是一个舞女，年老色衰，舞也跳不动了，就只能在寂寞中等死。但是在蒙古高原上，她却能与王一起生儿育女，获得了一个女人的基本权利。

当年匈奴活动的地区，我基本上都去过，如内蒙古自治区的阴山地区、呼伦贝尔草原，甘肃的河西走廊，以及额济纳旗的居延城、从祁连山流向阿拉善草原的黑河，等。当我从武威出发翻越焉支山看到一望无际的绿洲时，我非常感慨，两千年前匈奴的故乡，其实都是风景绝佳之地。我说到的以上区域，都是今天的旅游者十分向往的地方。历代文学家们所精心塑造的王昭君的悲剧，除了认为她抱屈而不能侍奉元帝，还有一个重要的原因，就是认为她进入了触眼尽是荒漠沙碛的胡地。可以这样说，由于长城边界的阻碍，古代的文学家们很少有人能够进入以上地区，因此他们想当然地描写胡地风沙的凄厉，他们出于同情而人为地放大了昭君的悲剧。

呼韩邪死后，关于昭君的记载就很少出现了。

从前面讲过的关于匈奴与汉朝交往的历史中，我们可以看出，昭君的和亲在整个汉朝并没有显著的典型意义。因为，从高祖刘邦到武帝刘彻这五十余年中，匈奴是强势的，他们对汉廷的威胁是致命的，当时采取的和亲是被迫的，也是不平等的。而元帝时的和亲，是匈奴主动要求的。此时的匈奴已开始学习汉朝的礼仪，也不像当年那样野蛮了，汉人的生活方式也渐渐进入到匈奴地区，因此，昭君嫁给匈奴王，在生活与起居上，与汉人的差距已大大缩小。昭君嫁到匈奴后的三十八年，因为王莽的篡权，西汉宣告解体。而昭君也开始从一个历史人物渐渐变成了文学作品中的典型。

在写昭君的众多诗词中，亦有一些女性诗人的作品，如明代女诗人黄幼藻的诗：

天外边风掩面沙，举头何处是中华？
早知身被丹青误，但嫁巫山百姓家。

诗中的"面沙"，疑为"面纱"之误。这位黄幼藻的丈夫是一位当官的人，她自己也出身于官宦世家。虽然她生活优雅，不似昭君是农家女，但女人对感情的认识应是相同的。在她看来，昭君远嫁匈奴，背井离乡，亲人不得相见，这是何等悲惨的事情，早知如此，昭君也不要去当什么后宫皇眷，就在当地找一个百姓人家的男儿嫁了，举案齐眉，白头偕老，这样的结局多好。黄女士对昭君的同情，乃是文化上的纠结。在今天，跨国婚姻比比皆是，没有多少人感到意外。我到过那么多的匈奴故地，那里几乎住满了汉人，也没有什么人感到受到了委屈，这就是历史的变迁。古代文人骚客过分渲染昭君的哀怨与悲伤，乃是当时的价值观与生活观在起作用，若在今天还持这种观点，则有点不合时宜了。

2015年11月9日
在湖北省兴山县"昭君文化论坛"的演讲

苏东坡的历史观

一

大约在三十四年前的1982年暮春，我的老师徐迟约我同来黄州游览东坡赤壁。走进二赋堂，他问我《前赤壁赋》有多少字，《后赤壁赋》又有多少字？我惭愧不能回答。他又问我能否背诵？我说少时背过。于是在他的要求下背诵，背完《前赤壁赋》，他说，你不用背了。接着说："《前赤壁赋》538字，《后赤壁赋》358字。我认为这两篇赋是中国散文的高峰，至今无人逾越。这么短的文字成为经典，在世界文学史上也是奇迹。"

徐迟先生对苏东坡的赞赏对我的触动很大。其实，在成为徐迟先生的学生之前，我已经是苏东坡的超级粉丝。1972年的暮秋，我作为知识青年的代表来黄州参加一个座谈会时，就专程参观了东坡赤壁。那时的东坡赤壁，荒凉、萧瑟。我来的季节正好是《后赤壁赋》中所描述的"霜露既降，木叶尽脱"，但在赤壁山上，却看不到《前赤壁赋》所形容的"白露横江，水光接天"，当然，更不可能"纵一苇之所如，凌万顷之茫然"了。在无尽的沧桑岁月中，长江早已改道，赤壁之下，已是大片大片的农田，"惊涛拍岸，卷起千堆雪"是另一个时空中的灿烂画卷，那画卷，属于九百多年前的苏东坡。吾生也晚，再也无法在这里领略"江流有声，断岸千尺"的江山胜景了。

好在苏东坡的作品在近千年的岁月里，一直传颂不衰，通过这些作品，我们可以走入他的时空，品尝村妇珍藏的美酒，享受巨口细鳞的江鱼。微醺之后，再随着他一起欣赏不可复识的江山，观看横江东来的孤鹤。

在我的书房里，我请一位画家为我画了四条屏，是四位古代文学家的造像，他们分别是屈原、李白、苏东坡与曹雪芹。在中国古代的文学史中，伟大的、优秀的作家不在少数，对他们，我都怀有景仰之心。但上述四位，我个人尤其偏爱。从个人的性情、才情来看，毫无疑问，苏东坡又是这四位中我最为心仪的一位。

关于苏东坡文学与书法的造诣，不用我饶舌，迄今为止，他依然是无人超越的峰巅。但是，他仍有一些被人忽略的地方，或者说，他的文学的造诣，淹没了他的其他方面的才华，譬如说他的史学的建树，就被人们严重低估，也被史学界所忽略。

二

史学著作方面，苏东坡并非如司马迁、班固、司马光等人那样有洋洋大观的专著，而是在他的策论中可看到他独具卓见的史识与史胆。苏东坡文集十之七八是文学，诗词歌赋、散文（含序、说、记、传、铭、碑、颂、赞、偈、表、奏议、制敕等各种文体），每一种文体中皆有杰作。他的论有五卷，策有四卷。在策中，还杂有《书义》《迩英进读》。这八卷策论中，收有一百四十六篇文章。研读这些文章，就不难发现，苏东坡对历史上那些耳熟能详的人物，无论是政治精英还是思想大家，几乎都有专论，而且还论得和别人不一样。对历朝历代的兴危得失，他也认真研究并有独到的见解。

浏览他的策论，我们会发现苏东坡并非激进的变革者，相反，他推崇的是社会的稳定，他认为德与礼是让社稷安宁、吏治清廉的两大法宝。但对德的认识与界定，他却有着自己的独特的见解。在《形势不如德论》这篇文章中，苏东坡一开头就说：

> 《传》有之："天时不如地利，地利不如人和。"此言形势之不如德也。而吴起亦云："在德不在险。"太史公以

为形势虽强,要以仁义为本,儒者之言兵,夫尝不以籍其口矣,请拾其遗说而备论之。

读这一段话,首先要理解"形势"这个词的意义。形势不是今天大家所理解的,而是指的大地山河的面貌,与我们今天理解的风水,庶几近之。所谓"百尺为形,千尺为势"讲的就是形与势的关系。所以说,形势对应的是地利。中国的古人对形势最为看重。各个朝代建都的地方,大都依山傍水,如西安、洛阳、北京等城市,无不都是形势佳妙的首善之地。

但选中吉利之地不一定就国运兴隆。所以说形势不如德。苏东坡在这篇文章中提出了一个新的观点,他把形势分为两种,一种以人为形势,一种以地为形势。

以人为形势,这人,指的是君臣。苏东坡说:"天子之所以系于天下者,至微且危也。相须而合,合而不去,则为君臣。"在这里,可以理解为臣为形,君为势。在苏东坡看来,周朝的衰败,起因是"大封诸侯,错置亲贤",但是,被周天子信任的诸侯最终都不服从朝廷的管理。究其因,是"德衰而人之形势不足以救也。"他引用刘颂的话:"善为国者,任势而不任人。郡县之察,小政理而大势危;诸侯为邻,近多违而远虑固。"

这以人为势的大意是,君德寡不足以服众,则社稷势危;臣德薄不足以牧民,则民怨沸腾。所以说,君臣都心存敬畏。常怀忧患，以民为天，则天下形势安定，就是古人所说的"河清海晏，四海升平"之象。

苏东坡说的第二点，是传统的形势论，即以地为形势。但是，他将秦与汉两朝做出比较，他说：

> 有以地为形势者，秦汉之建都是也。秦之取天下，非天下心服而臣之也，较之以富、搏之以力，而犹不服，又以诈囚其君、虏其将，然后仅得之。今之臣服而朝贡，皆昔之暴骨于原野之子孙也。则吾安得泰然而长有之！汉之取天下，虽不若秦之暴，然要之皆不本于仁义也。当此之时，不大封诸侯，则无以答功臣之望，诸侯大而京师不安，则其势不得不以关中形势之固而临之，此虽尧、舜、汤、武，亦不能使其德一日而信于天下，荀卿所谓合其参者。此以地为形势者也，然及其衰也，皆以大臣专命，危自内起，而关中之形势，曾不及施，此亦德衰而地之形势不能救也。

这一席话，让我们理解苏东坡对秦汉两朝建都长安的看法。在冷兵器时代，长安是中国最为理想的建都之地。秦岭有百二雄关之险，加之黄河阻隔，历代兵家，很难突破潼关攻入关中。秦灭六国，其战争都是在潼关之外进行，这地域形势有点像今日之美国，美国建国以来，除了南北战争，无论是第一次还是第二次世界大战，其战火都没有烧到美国本土。但秦和汉为什么都没有借地势的险峻而守住国门呢？其因就是"大臣专命，危自内起"，朝廷君臣德衰，再好的形势，再大的天险，也不能阻挡国家的衰亡。

在《诸葛亮论》这篇文章中，苏东坡更是一针见血指出：

> 取之以仁义，守之以仁义者，周也。取之以诈力，守之以诈力者，秦也。以秦之所以取取之，以周之所以守守之者，汉也。仁义诈力杂用以取天下者，此孔明之所以失也。

仁义为德的内涵。东坡同孔子一样，是周的追崇者，认为周即德的楷模。同时批判秦取天下凭借的是诈力，即欺诈和武力。在东坡的策论中，对于秦与汉的议论较多，且多取批判的态度，在《论秦》《论商鞅》《论始皇汉宣李斯》《论养士》诸篇中，对秦国政治特别是秦始皇的批判，可谓不遗余力。这是因为在东坡看来，秦的政治运作中多狡诈、缺诚信、讲利益、轻仁义，这是缺德的表现。他由这个历史观去审查诸葛亮，认为诸葛亮杂用仁义诈力，这是诸葛亮终究不能恢复汉室，壮大蜀国的真正原因。当然，这是苏东坡的一家之言。

关于德，东坡在《上初即位论治道二首》的文章中，这样定义：

> 人君以至诚为道，以至仁为德，守此二言，终身不易，

尧舜之主也。至诚之外，更行他道，皆为非道。至仁之外，更作他德，皆为非德。

道德二字，为老子创造，他写作的《道德经》，乃中国古代思想的精华，可称为华夏智慧的宝典。用今天的话解释，道即客观规律，德即是遵循客观规律而做人做事。东坡赞成老子的道德观，但他以诚言道，以仁言德。若用今人的语法逻辑，则应该是以仁言道，以诚言德。符合客观规律即为仁，以诚信的态度遵循客观规律即为德。当然，东坡先生如是说，也没有错到哪里去。他坚持认为，诚信之外没有道，仁义之外没有德。

那么，究竟怎样才能让君臣归仁，天下归心呢？苏东坡认为，只有建立"礼"的制度，

三

在《礼以养人为本论》这篇文章中，苏东坡阐述了他对礼的看法：

夫礼之大意，存乎明天下之分，严君臣，笃父子，形孝弟而显仁义也。今不幸去圣人远，有如毫毛不合于三代之法，固未害其为明天下之分也，所以严君臣，笃父子，形孝

弟而显仁义者犹在也。今使礼废而不修，则君臣不严，父子不笃，孝弟不形，义不显，反不足重乎。

苏东坡认为最好的社会是崇尚道德，人人都以圣贤为楷模，他认为尧、舜、禹三代就是这样的社会，而要达到这种理想的社会形态，就必须建立礼仪制度。

所谓礼，做简单的理解，就是在伦理的基础上建立社会秩序，伦理的最基本关系，就是君臣、父子、兄弟。君臣对应的是国，父子、兄弟对应的是家。在古代，国家的概念就是伦理的概念，也就是礼制的概念。

孔子是特别注重礼制建设的，他说"吾从周"，就是遵循周朝的礼仪制度，他一生的政治理想就是"克己复礼"。他想恢复周礼，他认为他所处的时代"礼崩乐坏"，乏善可陈。苏东坡对自己所处的时代也很失望。当时的宋朝，北有契丹人建立的辽国，两国连年战争，人民无法休养生息。有鉴于此，在寇准的主导下，宋与辽在河北的一处名叫澶渊的地方签订了停战的盟约，史称澶渊之盟。此后，宋朝赢得了数十年和平发展的机会，一跃成为当时世界上经济最发达的国家。但是，随着经济的腾飞，社会上出现了诸多乱象，如官场的冗官与腐败、朝廷的苛捐杂税、民间的重利轻义风气的形成。这期间，出现了王安石主导的改革。苏东坡认为王安石改革的动机是为利而驱使，对礼制的建设有破坏，故不同意。在

《思治论》一篇中，他说道：

> 自澶渊之役，北虏虽求和，而终不得其要领，其后重之以西羌之变，而边陲不宁，二国益骄。以战则不胜，以守则不固，而天下常患无兵。五六十年之间，下之所以游谈聚议，而上之所以变政易令以求强兵者，不可胜数矣。

苏东坡熟读历史，但并不就历史说历史，做死学问，而是关注当下，为社稷苍生的安全与福祉进行思考，提出自己的见解。他认为，澶渊之盟以后的五六十年间，人心思变是一个总的趋势。针对当时朝廷的三患：宫室祷祠之役兴，钱币茶盐之法坏，频年用兵而财力空虚。朝野之间的议论很多，王安石的改革也是在这样的情况下提出的。但是，在苏东坡看来，无论是民间的游谈聚议，还是朝廷的变政易令，都没有达到社会治理的效果。

通过变革实现富国强兵的理想，完成朝野之间社会进步的利益诉求，从道理上讲这是没有错的，但苏东坡认为当时的执政者变政易令的心情过于迫切，变革的方法存在问题，其变革的结果与本来愿望相去甚远。在《思治论》中，他进一步阐释他对变革者的批判：

> 百官有司，不知上之所欲为也，而人各有心。好大者欲

王，好权者欲霸，而偷者欲休息。文吏之所至，则治刑狱，而聚敛之臣，则以货财为急。民不知其所适从也。及其发一政，则曰姑试行之而已，其济与否，固未可知也。前之政未见其利害，而后之政复发矣。凡今之所谓新政者，听其始之议论，岂不甚美而可乐哉。然而布出于天下，而卒不知其所终？何则？其规摹不先定也。用舍系于好恶，而废兴决于众寡。故万全之利，以小不便而废者有之矣；百世之患，以小利而不顾也有之矣。

在这一段文字里，苏东坡对当时推行的新政指出了问题：

1. 新政提出者的心态不健康，"好大者欲王，好权者欲霸，而偷者欲休息"。

2. 部门利益为重，将新政变为权力的游戏，"文吏之所至，则治刑狱，而聚敛之臣，则以货财为急，民不知其所适从也"。

3. 缺乏改革的整体思路，"及其发一政，则曰姑试行之而已，其济与否，固未可知矣"。

4. 新政推行有头无尾，说得好听，却无实绩。"凡今之所谓新政者，听其始之议论，岂不甚美而可乐哉。然而布出于天下，而卒不知其所终。"

不难看出，苏东坡对新政提出了相当尖锐的批评，但为何新政会出现这样的局面呢？苏东坡也讲了两个原因：

"百官有司，不知上之所欲为也。"这是说各部门推行新政，却不了解"上"的想法，这个"上"，按惯常的思维，应该指的是皇帝。朝廷之主对国家的认识，对政局的把握，是新政施行者必须深入了解的先决条件，但"百官有司"往往为本部门的利益所驱使，忽略了"上"的思想。

"规摹不先定"，这里所说的规摹，既可视为顶层设计，也可以说是立规矩。没有顶层设计，又不先立规矩，新政的推行必然会"用舍系于好恶，废兴决于众寡"。

从苏东坡一贯的思想来分析，这"规摹"即属"礼"的范畴。

国家为什么要制"礼"，用怎样的规矩与制度去治理天下？在《韩非论》一文中，苏东坡发表了他的高见：

> 仁义之道，起于夫妇、父子、兄弟相爱之间；而礼法刑政之源，出于君臣上下相忌之际。相爱则有所不忍，相忌则有所不敢。夫不敢与不忍之心合，则后圣人之道得存乎其中。

从形而上的观点讲，礼的制定是为了保证德的施行。德即仁义，德是内涵，礼是形式；从形而下的观点看，礼的制定是建立国家的秩序。礼法乃刑政之源，国家制定法律，是为了保证礼制的实现，对于国来说，礼法是为了解决君臣的关系问题；对于家庭来说，是为解决夫妇、父子、兄弟之间的问题。礼与法，一是从道德层面，一是从法律层面来约束社会上每一个人的行动。

在道德、礼法诸方面的思想，苏东坡并无太多的创见，但他将儒家的这一政治理想落实到社会治理及个人操守方面，可谓身体力行，不遗余力。而且，对于历史人物的评价，他也以道德、礼制为标准，常常发出振聋发聩的声音，关于诸葛亮的评价，前面已经说过，再举一两个例子，先说伍子胥。

伍子胥本楚国世家，后因楚平王杀了他的父兄，他逃到吴国，辅佐吴王，使吴王成了霸主，然后率吴国兵马击溃楚国军队，攻到江陵，对楚平王掘墓鞭尸。这一点，一直遭人诟病，湖北人尤其不喜欢他，苏东坡却为他辩解，他在《论伍子胥》文中说道：

> 父受诛，子复仇，礼也。生则斩首，死则鞭尸，发其至痛，无所择也。是以昔之君子，皆哀而恕之，雄独非人子乎。

东坡认为伍子胥兴吴灭楚，并不是他的罪过，相反，替父报仇，这是必须尊崇的礼制。

另外，苏东坡从道德出发，批评司马迁的《史记》有两大罪，第一是"先黄老后六经，退处士进奸雄"，第二是"论商鞅、桑弘羊之功"，他说"自汉以来，学者耻言商鞅、桑弘

羊",他进而言说:

> 二子之名在天下,如蛆蝇粪秽也,言之则污口舌,书之则污简牍。二子之术,用于世者,灭国残民,覆族忘躯者,相踵也。

这几句话,已是恶毒的咒骂了。在苏东坡的策论中,他不止一处指责司马迁的历史观,说他"退处士进奸雄",重黄老之术而轻儒家之学。其实,司马迁是特别尊敬孔子的,在《史记》中,将孔子列为世家,可见分量之重。司马迁从社会发展及社稷安危的角度,充分肯定商鞅与桑弘羊变革社会,勇于创新的政治功绩,在今天看来,这是司马迁值得肯定的地方。偏偏苏东坡指责他对这二人的褒奖是"退处士进奸雄",将社稷功臣视为奸雄,这也是苏东坡的历史观。

四

从以上所讲的例子,我们不难看出,苏东坡的历史观是保守的。中国古代的知识分子,雅一点,我们可以称为士,俗一点,可以称之为文人。但是,若要认真研究,则士与文人还是有区别的,士乃社会的中坚,文人乃生活的附庸。苏东坡在《正统论三首》的总论中说过：

> 正统者，何耶？名耶？实耶？正统之说曰："正者，所以正天下之不正也；统者，所以合天下之不一也。"

扫除天下所有的不正之风，即是正；将天下不同的利益集团与各阶层的民众统一起来，就是统。正统二字就是这样来的。正统又分为政统、道统。政统是国家、社稷的管理者，礼法的推行者；道统是社会思想的提供者，道德的维护者。从中国古代的经验看，凡是政统与道统两者对社会及民众的看法一致，国家即是强盛期。凡是两者产生矛盾，国家与社会便进入多事之秋。苏东坡所处的北宋中叶，政统的不作为或乱作为，道统价值观的分裂非常明显。苏东坡在《策略一》文中指出："天下之患，莫大于不知其然而然，不知其然而然者，是拱手而待乱也。"这句话很有见地。苏东坡也指出了当时中国的忧患在哪里。我个人认为，无论是历史中的哪个朝代，每个朝代形成的弊端，都不会相同。要解决的问题、面临的困境也不会一样，但有一点却是相同的，即社会的弊端莫不产生于价值观的分裂。

无论是政统还是道统，其价值观很难得到统一，而且道统作为道德的维护者，一般都会采取文化上的保守态度。今天，我们特别注重创新，但在历史中，守成一词所起的作用，却远远大过创新。

苏东坡写过一篇文章《儒者可与守成论》，专门讲守成的问题。他始终认为恪守三代圣人留下的思想及治国治民的经验，就可以获得国泰民安、物阜年丰的局面。放在闭关锁国的时代，这种守成的态度，兴许是一种不错的选择，但在今天我们生活的时代里，守成可能就是死路一条了。在古代，天下是中国；在今天，天下是全球。国与国之间，利益为先，弱肉强食，我们若不创新，不强大，就会有灭族灭国的危险。

在苏东坡所居的公元11世纪，文化上的保守主义，应该是士的责任与担当，可视为一种美德，是君子的无可厚非的选择。但在今天，一味的守成，做人还是可以的，但以此为标准来治国，则可能导致衰败。

2016年9月8日

在湖北"黄冈讲坛"的演讲

文化是长江的灵魂

如果要在我们居住的地球上，找一条落差在八千米的河流，这恐怕只有长江了。中国的地形像一个烟云弥漫的扇面，它自西向东倾斜，西面有被称为世界屋脊的海拔八千多米的喜马拉雅山脉，东面则是碧波浩渺的太平洋。高山与海洋之间是我们华夏的广袤国土，两条伟大的河流自巍峨的雪山流下，它们是黄河与长江。

如果说黄河像一个安静的智者，那么长江更像一位激情澎湃的诗人。"黄河之水天上来，奔流到海不复回。"这是李白歌颂黄河的诗句，我常常思忖，同样来自天上的长江，为什么不能得到这种排山倒海的诗句呢？后来我明白了，李白眼中的黄河，更是一种景象，可以观赏但不能亲近，他献给长江的诗句是"孤帆远影碧空尽，唯见长江天际流"。李白从未在黄河上航行，但他却一次又一次踏上长江的行舟,无论是李白的"两岸猿声啼不住,轻舟已过万重山",还是杜甫的"无边落木萧萧下,不尽长江滚滚来",我们都可以从中看到,长江不仅是瑰丽的景象,更是一种生活。它不仅仅拥有万里流域,更拥有万里画廊。

在我们这个星球上,除了中国,但凡北纬三十度的区域内,基本都是沙漠、荒原,干旱少雨让这些地区不适宜人类居住。唯独中国,北纬三十度区域却是人间的乐土,那就是因为有一条长江在这个区域内流过。在中国,有两个地理的概念是如此深入人心,一个是因黄河而产生的中原,一个是因长江而产生的江南。远古的政治家就说过:得中原者得天下;中古的政治家补上了一句:得江南者得中原。

从真正的地理概念上来说,江南应是长江之南,即今日的湖南、江西以及岭南地区,但在中国人的人文地理中,江南指的是长江的下游,即江苏与浙江。乾隆皇帝下江南,便是下的长江的下游,即地理上的江东地区。在这个区域内,近一千年的历史中,一直流传"上有天堂,下有苏杭"的美誉。在唐代,说到天下名城,有"扬一益二荆三"的说法,扬指的是江苏的扬州,益指的是益州,即今天的成都,荆指的是湖北的荆州。这三座城市都在北纬三十度区域内,也都在长江边上,成都离长江稍远,但这天府之国的中心,依然是得到长江水系的滋养。

天佑中华,赐给了中国两条完整的河流。黄河养育的北中国产生了中原，中华文明的曙光在那里升起；长江养育的南中国，让中华民族拥有了江南。岂止是江南，从成都、重庆、宜昌、荆州、武汉、岳阳、长沙、南昌、安庆、芜湖、扬州、镇江、南京、苏州、上海及杭州、宁波……这一座又一座城市，一个又一个城市群，犹如历史天幕上一颗又一颗璀璨的明星。远在隋朝，隋炀帝就开凿了贯通南北的大运河，这是人类史上前所未有的巨大的水利工程，修建它的目的只有一个，即将江南的财富通过这条运河源源不断地输送到北方，先是送到中原的洛阳，尔后送到秦岭以北的长安，最后是送到了燕山脚下的北京。几乎从唐代开始，一代又一代的国家统治者都承认这样一个事实：国家财富，泰半仰仗东南。明朝中期，朝廷三分之二的财政收入来自东南数省的赋税。但恰恰在明中期，国家的财富积聚有了一个明显的转折点，即长江中部成了继长江下游之后的又一个经济增长点。南宋盛行的口号是"苏杭熟，天下足"，到了明中期，口号便变成了"湖广熟，天下足"。这个湖广，并不包含广东，而是湖北、湖南，清雍正时期之前，湖北湖南是一个省，称为湖广。

"湖广熟，天下足"口号的提出，乃是因为湖广境内荆江水患的治理得到了根本的改善，变水患为水利，使江汉平原成为继杭嘉湖、苏锡常等环太湖平原之后中国最好的粮仓。

现在，长江经济带与长江中游城市群的建设上升为国家战略，这是长江中部的福音。随着长江经济带的再度发育与茁壮成长，我们会看到，这项战略既是回应历史，也是面向未来；既是发掘一座财富的金矿，更是开采一座人文精神的富矿。

　　自古以来，长江与世界的沟通、与时代的联系，除了强大的经济，还有它灿烂的文化。如果通过长江中部的诗人们来了解他们的故乡，我们会看到一处又一处令人迷恋的乡村，听到一曲又一曲令人陶醉的牧歌。在盛唐时期，著名的乡村诗人孟浩然在他的家乡湖北襄阳的鹿门山中，接受朋友的邀请前往做客，写出了这样一首诗歌：

　　　　故人具鸡黍，邀我至田家。
　　　　绿树村边合，青山郭外斜。
　　　　开轩面场圃，把酒话桑麻。
　　　　待到重阳日，还来就菊花。

　　孟浩然的诗朴实无华，但诗中描写的淳郁的乡村风光与民俗，在今天还到处能看到。隐隐的青山，灿烂的林叶，朋友在秋收之后的家中招饮，宾主在丰收的喜悦中微醉，这就是文化，这就是生活，这就是传统。与孟浩然同时期的诗人李白，自峨眉山下的青衣江买舟东下，穿过三峡，来到湖北的安陆定居，历史记载他"酒隐安陆，蹉跎十年"，一生好作名山游的李白，为何能在位于湖北中部的大洪山中一住就是十年呢？他在《山中问答》诗中这样写他眼中的安陆：

问余何意栖碧山，笑而不答心自闲。

桃花流水窅然去，别有天地非人间。

其实，在长江的中部，安陆的山水并不是最佳的，但它们在李白的诗句中，仍展现出令人迷恋的幽境。中国古代没有生态这个词，但有一个词叫天籁。在我看来，天籁比生态更富有纯自然的不假人工的诗意。其实，在孟浩然与李白之前，在比他们早了三百年的东晋南朝，在今天的江西九江，那时被称为柴桑的地方，诞生了一位名叫陶渊明的诗人，曾当过一个小小的彭泽县令，但他厌弃官场回到家乡隐居，后世称他为"隐逸诗人之宗"，在描摹自然上，他显得超凡脱俗。他对自然的钟爱以及对恬淡生活的眷念，使他写了一篇美文《桃花源记》，他勾画的桃花源是一个既有人间烟火又绝无市尘嚣杂的地方。自这篇美文问世之后，桃花源便成为人间乐土的代名词，它的名声穿越迢递的时空传到当代，连我们新中国的缔造者毛泽东主席，也在一首诗中写到"陶令不知何处去，桃花源里可耕田"。这个桃花源，既指引孟浩然写出了"开轩面场圃，把酒话桑麻"的丽句，也促使李白发出了"别有天地非人间"的赞叹。毫无疑问，这个桃花源，是陶渊明根据家乡的山水塑造的。在我们有着六十多万平方公里的长江中部，几乎到处都存在着桃花源式的乡村。犹如西方人不远万里来到中国寻找他们梦想中的香格里拉，中国一代又一代的士人，都在寻找他们心中的桃花源。像中原、江南这些概念一样，桃花源也成为我们精神故乡的地理标识。如果说经济创造了价值，文化则创造了价值观。

法国人艾黎·福尔在他所著的《世界艺术史》中，这样来评判中国："中国人经历了我们没有经历过的演变。中国人构成人类发展之树的又一个分枝，第二个分枝与第一个分枝分道扬镳，我们无从知晓这两个分枝是否将能汇合到一起。"艾黎·福尔先生是一位严谨且有睿智的美学家。他显然对中国的文化传统既存在强烈的好奇又有着相当的陌生感。我们从他对中国艺术的描述中，仍可以看出，他对长江流域的艺术特征似乎更感兴趣，他说："……各种木器、象牙器、玉器、铜器遍布楼台亭阁，堆积在店铺的货摊上，货摊沿着熙熙攘攘的街道一字摆开，挂着彩绘的招牌，街道两旁堆满垃圾。但是，从这些工艺品中散发出奇特的温馨。的确，在这个富有哲理的民族心灵深处，哲学家已经完全熄灭了折磨人的忧虑。"在今天的长江流域，艾黎·福尔先生描述的这样的小镇，以及各种各样的工艺品，几乎是随处可见。

我们是文化的享受者，同时，我们更是文化的创造者。文化不是什么高深莫测的东西，而是我们生活的习惯、行为的准则，价值的判断、心灵的皈依。在民间称为风俗，在庙堂称为风尚。背着行囊到处游走的诗人，用几片水墨来传递中国意境的画师，制订乡规民俗的优雅的乡绅，敲着木鱼诵读经文的和尚，他们无一不是文明的守护者，文化的传播者。我们在座的每一个人，既包括我，也包括你们，无一不是中华传统文化的受惠者，同时也是传承者。我们守住这个精神家园，同时，我们也创造它、发展它、更新它。回望过去，我们有乡愁，乡愁给了我们守护传统的信心；展望未来，我们有责任，文化长江的建设，是在继承中创新，是在传统的回归中开拓文明的新边疆。

文化的普遍性使其无远弗届，文化的差异性又使其魅力四射。从亚洲来讲，印度人是从具象走向抽象；中国人是从抽象走向具象。在西方，概念衍生出世态；在中国，象征支配着生活。在黄河，庄重与严谨是文化的内涵；在长江，浪漫与飘逸是文化的风骨。即便是长江，它上游的巴蜀文化，中游的荆楚文化，下游的吴越文化也是如此的不同。但不管文化的形态有着多么大的差别，但有一点是相同的，唯有将文化作为纽带，人类的命运共同体才能真正建成。如果说，经济是长江的命脉，生态是长江的血液，那么，文化则是长江的灵魂。

因为文化，在长江的中部，神农发现了茶叶，而陆羽发明了茶道；屈原创造了《离骚》，而淮南王发明了豆腐；陶渊明发现了桃花源；中国禅宗六祖慧能之后的大宗师们发现了江湖。出于同样的原因，在这片土地上，毕昇发明了活字印刷，李时珍写出了《本草纲目》；明成祖朱棣发现了武当山，湘潭人毛泽东缔造了新中国。

长江中部历来都是文化的沃土，它不仅盛产英雄，同时也盛产书生。在这片土地上，政治家可以发现创世的激情，企业家可以找到财富的钥匙，科学家可以获得智慧的密码，而文学艺术家们可以在这里写出崭新的史诗。庄子在《大宗师》一文中说过一句话："相濡以沫，不如相忘于江湖。"他讲述了一个寓言，两条鱼离开了水，只能在干涸的泥地中用口中的唾沫延续对方的生命，如此这样痛苦，他们应该回到宽阔的江湖。在今年元月份的第一届长江文化论坛上，我曾说佛家的行脚僧将湖南、湖北、江西等长江中部地区喻为江湖。如今，我们就在这江湖之内。为了寻找乡愁，创造未来，在长江经济带中缔造我们的命运共同体，所有的创造者，无论是政治家、企业家，还是科学家、文艺家，我们既要保持相濡以沫的人间真情，也要有相忘于江湖的博大胸襟和利乐众生的文化风范。

2015年11月

在第二届"长江文化论坛"的演讲

汉语的世界

　　这次应海航集团的邀请，来地中海乘上这艘邮轮，参加东西方经济文化高峰论坛，倍感荣幸。在开幕式上，海航的董事局主席陈峰先生报告了一个好消息，海航集团自去年进入世界五百强企业之后，今年上半年的名次前进了一百一十一位，由四百五十三位上升到了三百四十二位，并宣布了一个更加令人振奋的目标，力争明年进入世界五百强的前一百名。海航自成立二十余年来，可谓创造了经济的奇迹。这两天，在这个报告厅里，登台演讲的嘉宾无一不祝贺海航的成功，赞誉海航的核心领导层志存高远，立志做一个赢得国际声誉的伟大企业，我也是欣欣然、陶陶然，与大家分享海航成功的喜悦。我认为，衡量一个企业是否伟大，至少应该有三个标准：第一，创造新的商业模式；第二，有受人尊敬的商业领袖和不可遏止的创业激情；第三，承担更多的社会责任。

从这三个标准来看，海航基本达到了，对于中国的企业，尤其难能可贵的是第三条，即承担更多的社会责任。昨天，我看到海航的2015年度的《社会责任报告书》，知道海航在壮大自己的同时，也无时无刻不在关心社会进步，就像这一次的东西方经济文化高峰论坛，由海航这样一个企业在地中海举办，且达十天之久，不能不说是对国家前途的担当。因此，请允许我在这里再次表达深深的敬意。

现在回到正题，开始我的报告。

我今天报告的题目是《汉语的世界》。给大家讲这个题目，似乎有些不搭调。因为你们都是海航集团的高管，是职业经理人。在这个复杂多变的新的经济形势下，你们可能更希望听到一些绝妙的建议，告诉你们如何应对经济海洋中的狂风恶浪，使你们的企业成为永不沉没的挪亚方舟。我想，前来的这些睿智的经济学家们一定会为你们奉献出这样的建议，只是我不能够而已，因为我不是经济学家，对数学的讨厌，几乎是我与生俱来的毛病。但是，我既然应邀登上了这艘游船，总不能白吃白喝地欣赏这地中海的赏心悦目的风光吧。俗话说"同船过渡，五百年前所修"，我们之间的缘分是五百年的时间修来的呢。我的演讲虽然不能像经济学家那样让你们兴奋，但我至少要做到让你们轻松。

现在，让我们一起进入汉语的世界，在语言的森林里，做一次有趣的旅行。

一、没有语言我们的文明不复存在

几乎从童年开始,我就对语言充满好奇,比如说,我的家乡的语言中没有"ei"这个韵母,凡是读"ei"这个韵母时,都读"i",于是,梅花读成"mi"花,倒霉读成倒"mi",每天读成"mi"天。而不到两百公里的另一个县恰恰相反,他们的口音中将韵母"i"统统读成"ei",于是,大米变成了大"mei",毛笔变成了毛"bei",七变成了"cei"。我常常想,这些可笑的读音是怎样形成的?长大之后,我走过的地方越来越多,听到各种不同的口音,更觉得有趣了。中国人使用同样的汉字,却发出不同的声音。用闽南话、潮州话与陕西话、东北话读一首唐诗,那读音的差异之大,让你无法相信他们在念同一个汉字。由此再扩展到不同的语言,便会发现两种不同的语言,它们永远只能接近而无法完全沟通。人类的语言,诸如英语、法语、德语、俄语、西班牙语,还有我们的汉语,都是最优秀的语言,它们成为联合国颁布文件或法律条文中的官方语言。在这些语言中,诞生了难以数计的伟大的政治家、军事家、科学家与文学家。因为这些语言,人类的文明达到了值得我们骄傲的高度。很早以前,我看到一篇文章,讲到莎士比亚、歌德、托尔斯泰、雨果、塞万提斯、曹雪芹等伟大的文豪们都为本国的语言做出了杰出的贡献,他们各自的词汇量都在一万个以上。一种语言有没有一万个词汇,这是一个客观标准。所谓优秀的语言，即是可以用它来表达任何一种逻辑、任何一种情感、任何一种现象、任何一种事物，没有丰富的词汇是难以达到这种境界的。尽管如此，我们要讲，任何优秀的语言都有它无法抵达的死角。很多年前，我与我的老师徐迟先生共进晚餐，品尝一条清蒸武昌鱼，徐迟赞叹说"这条鱼烧得很嫩"，我问他这句话英语怎么说，他想了很久才对我说："英文中没有与'嫩'对等的词汇，汉语中的'嫩'这个字太奇妙了。"

任何一种语言，其词汇就像是树上的叶子，每年都有凋落与死亡。当然，也有萌发与新生。所以说，好的语言既是易耗品，又是奢侈品。没有一棵树不爱惜自己的叶子，也没有一只鸟不爱惜自己的羽毛。但是，我们却能看到这样的人，他们在糟蹋自己民族的语言时毫不痛心。可以说，在汉语的历史中，没有任何一个时代像当下的网络时代一样产生那么多的语言垃圾。当你读《论语》《史记》《唐诗三百首》《宋词》《古文观止》《红楼梦》等古典名著时，会为我们语言的高贵、灿烂而自豪，再看看当下网络文学作品及流行的词汇，其表现出的庸俗与油滑，难道不能引起我们的愤怒吗？此情之下，我有理由提出我的担忧：当我们的语言开始下贱，我们还能保持精神的高贵吗？

当然，在今天的演讲中，对当下语言的环境进行批判并不是我的初衷。我且打住这个题外话，继续我们刚刚开始的在语言森林中的旅行。

很遗憾，除了汉语之外，我不懂任何一门外语。但从认识的有限的英文词汇中，我们会看到它们诞生的原因或最初的动机，比如：

Culture（文化），这词根的原义是耕作，表明文化来源于农耕。

Civilization（文明），词根原义是市民，表明文明这个概念伴随着城市、工商业而产生，当然也包括物质财富。

Economy（经济）一词源于希腊语，意思为"管理一个家庭的人"。唯物主义代表人色诺芬在《经济法》中将"家庭"及"管理"两词结合理解为经济。上世纪初，《天演论》的翻译者严复将economy翻译成生计。日本人将这个词翻译为经济，后由孙中山将这一翻译引入中国。

经济这个词，从原义上来讲，中英文差别非常之大。英文的经济自下而上，由家庭而产生管理者，由无数的管理者组成了社会，最后成为国家行为。中文的经济却是自上而下，因为经济的原义为经邦济世，这是社会最高层的管理者，即帝王将相的政治理想，当他们将这一理想付诸行动，便会改变社会与世间的生活形态。我想，孙中山之所以认同将Economy翻译成经济，他既有英文的认知，也有汉语的诉求，他想融合两种不同的价值观。

Religion（宗教）一词源于希腊语，原意是连接，表示宇宙万物相互连接。

这四个英语词汇是英语世界中经常使用的普通词汇，但是我们还是能够从中看到英语的思维逻辑与汉语的不同：

第一，英文中的文化产生于农耕，而文明产生于城市。在汉语中文化与文明没有做如此严格的区分。

第二，英语中的经济由家庭与管理者组成，显然有其特定的指向。而中国，经济一词来自经邦济世，古人云"穷则独善其身，达则兼济天下"，古人所认为的经济，更多的偏向于政治与理想的成分，也可以看出，从远古开始，中国经济从来没有脱离政治而独自存在。在这样的语言环境中，严复才用生计来翻译economy这个词汇，孙中山从日本引进这个词汇，实际上是颠覆了中国古人对这一词汇的本来含义。

第三，关于宗教，同经济一样，英文没有原义的词根，都是源于希腊语，而且原义是连接。英文世界里的宗教原义是希腊语的连接，这非常有意思。可以说，与中国人对宗教的理解相去甚远。

第四，从以上这四个词汇中，我们可以看到英语与汉语的差别，英文词汇是逻辑的产物，从抽象到理智，而中文词汇是感性的产物，从具象到感情。

如果我的这一判断能够成立，就可以得出一个结论，用英语理解的世界和用汉语理解的世界不可能是一样的，哪怕我们使用相同的词汇，也会因为对这词汇的理解不同而产生对所描摹事物的认识上的差异。

人类区别于动物就在于文明，没有语言我们的文明不复存在。

而不同语言的文明，其差异是明显的。自20世纪下半叶开始的全球化浪潮，随着科技的发展与技术的更新，大有方兴未艾、愈演愈烈之势，但全球化的最大受益者是那些跨国公司、商业集团。如果我们眼光能够从财富的盛宴、商业的狂欢中暂时挪开一下，就会看到全球化在给人类带来便利的同时，也给人类带来了种种灾难。使用不同语言的不同地区以及不同族类的人们，拒绝他们的文化被侵蚀、被改造、被消灭，于是他们奋起反抗。此情之下，国家与国家之间、地区与地区之间、族群与族群之间、团体与团体之间……各种不同的战争相继爆发，且一发而不可收。经济的繁荣无法消弭文化的冲突。这正是没有财富是万万不能的，但财富也不是万能的。

二、创造宗教的语言是通灵的，具有神性

刚才，我将英语与汉语做了一点比较，是想告诉大家，语言的差异其实就是文化的差异，甚至可以说，越是优秀的语言，它们之间的差异与分歧也就越大。

在语言的研究中，我发现一个奇特而有趣的现象，世界上三大宗教并不是产生于英语、德语、俄语、法语、西班牙语以及汉语。基督教产生于中东以色列地区，《圣经》（包括《新约》与《旧约》全书）创作于公元前1500年至公元90—96年，是用希伯来语写

作的；佛教最早期的经典产生于公元前6世纪左右，是用巴利文和梵语记录的。巴利文是印欧语系中古印度的大众语，而梵文是中古印度的标准书面语；成书于公元6世纪末7世纪初的《古兰经》，据说是安拉在公元610－632年之间陆续降谕给穆罕默德的启示，使用的语言是阿拉伯语。

如果说德语最适合表达哲学，俄语、法语与西班牙语最适合表达文学艺术，英语表达政治与经济有很大的优势，那么，古代的希伯来语、巴利语、梵语以及阿拉伯语则是我们必须敬重的宗教语言。这种语言是通灵的，具有神性。

还有一个值得注意的现象，使用这种语言的区域，都在欧亚大陆的东南端，在蒙古高原与哈萨克高原以南，在东面的黄海与西面的地中海之间，这一片广袤的陆地，被日本学者杉山正明定义为："欧亚中间地带"。在这个区域内，诞生了黄河与长江流域的中华文明、印度河与恒河流域的印度文明、底格里斯河与幼发拉底河流域的美索不达米亚文明，以及尼罗河流域的埃及文明。走进这些区域就会发现，四大文明的发源地都是干燥的农耕地区。

在汉语中，沙漠都是用的水旁，那是最缺水的地方，为什么要用水来造这个字呢？从字面上看，少水就是沙。干燥这两个字也很有意思，干是乾的简化字。从原有的乾字来看，十表示多，两个十字中间夹一个日字，表示阳光过于强烈，人们乞求雨水的降临。而燥字，是熊熊燃烧的木头上张着三只口。干旱与水涝都是农耕时代的凶岁，是灾，没有简化前的灾应该是災，上面是水，下面是火。水火不调灾难就降临了。

在欧亚大陆中间地带，有戈壁滩、塔克拉玛干沙漠、克孜勒库姆沙漠、鲁卜哈利沙漠、内夫得沙漠。除了地中海以西的非洲的利比亚沙漠和撒哈拉沙漠，地球上的绝大多数沙漠都集中在这一区域内。比起欧洲以及美洲大陆，这一区域内人类生存环境的确不算太好。但为什么四大文明都在这个区域内诞生呢？更耐人寻味的是，基督教、伊斯兰教与佛教这影响人类精神生活的三大宗教也在这一区域内诞生。

在中国易经八卦中，乾卦摆在第一，对应的方位是西北。从长安即今天的西安出发，经河西走廊而入新疆，便是中国的大西北地区。从这里往前走，就是中亚地区。应该说，这里的气候与地貌是中国最不好的地区，但中国远古的智者却把西北定为纯阳之地。乾卦的爻辞言"天行健，君子以自强不息"，《奇门遁甲》一书将西北定为生门，东北定为命门，西北与东北是中国的生命之门，中国民间也有"王气生于西北"的说法。从这些表述中可以看出，中国古代的思想家们认为在西北可以找到精神的力量、思想的奥秘以及生命的能量。而中国的政治家们也会在西北为中华民族打通与世界连接的道路，汉武帝开辟的丝绸之路便是很好的例证。

西班牙诗人维尔哈伦写过一句诗"一切的路通向城市"，在远古的欧亚大陆，可以说"一切的路通向文明"。

三、语言的使者是天使

法国人艾黎·福尔在其不朽的著作《世界艺术史》中，对释迦牟尼创立佛教做了生动的感性的描述，他说：

> 当亚历山大抵达印度河流域时，在印度这块半岛上发生了一场翻天覆地的社会革命。佛祖释迦牟尼觉察到泛神迷醉在一个世纪以前已经吞没了他的内心生活，而当时爱情正以河川的威力侵入他的内心世界。他热爱人，热爱兽，热爱树，热爱石，热爱一切有呼吸的生命，一切有血脉搏动的生命，一切可以动弹的东西，一切有感性形象的东西，从天空的乌云直至他脚下的小草。既然世界是一个整体，那么，就应该把一切分散的因子，一切游荡在世界的不同形态，用轻柔的但又是不可抗拒的力量，使其从一部分导向另一部分。饥饿、凶杀、苦难，一切都是爱的产物。释迦牟尼轻柔地向一只正在追逐鸽子的鹰献出了自己的肉体。
>
> 无论一个民族的宿命论和感觉论怎样，这个民族在其历史进程中应该永远或至少有一次，听从一个用爱心抚慰伤痕的人的教诲……在亚历山大远征半个世纪之后，阿育王顺应大势所趋，建庙八万四千座，来纪念这位从未谈论过神的人。

艾黎·福尔显然不是佛教徒，但他从艺术的角度提示佛教的诞生充满了诗意。

巴利文的budh，译成英语为buddha，汉语为佛。这个佛字，是汉语专为释迦牟尼创造的词汇。这个字的创造充满了敬重，也充满了哲理。因为英文是从梵文音译过来，发音类似于中文的"不得"，而中文的佛字正是隐含了"不得"的意思。大约二十年前，我在四川青城山写过一副对联：人弗为佛，人为为伪。弗是不的意思，凡是人所不想要的，必是佛所容纳的，如苦难、病痛、生离死别等等；对应的是伪字：凡是人所乞求的，为之拼搏的，如名利、福禄、寿命等等，必是伪的。在这大千世界里，只要弄懂了佛和伪这两个字，就弄懂了人生，就知道佛的意义。梵文的budh，表示了清醒的、开明的意思，但这是汉文用自己的词汇来解释，我想巴利文的budh一词的含义远不止这些，只是其精妙之处难以用汉语完全表达出来。不过，汉语译成佛，其含蕴的哲学意味又是巴利文与英文难以完全理解的。如果从近万个汉字中选出十个最具智慧的字，必定会有一个佛字，哪怕只选三个，这个佛字也应该被列入。我猜想，西藏的布达拉宫，汉传佛教中的布袋和尚，恐怕都是从巴利文中的佛字衍生出来的。因为布达拉与布袋都与budh这个词的读音相近。

从巴利文的budh到中国的佛，这两种语言对佛教的理解显然有了差异。事实上，当佛陀入寂后，对他的伟大思想的理解与讨论一直存在分歧。传说佛陀示寂时,他的弟子们悲痛不已,但其中一个名叫跋难陀的弟子却说（老人家不在了）我们正可以任意所为,无复拘碍,何必要这样伤心？他的话让摩诃迦叶尊者感到震惊。他感到佛祖的教义会受到歪曲或亵渎,僧团中会出现破戒的比丘。于是,在佛陀涅槃的三个月后,摩诃迦叶尊者召聚了五百名阿罗汉,会集于摩揭陀国王舍城外毗婆罗山的七叶窟,听号称"多闻第一"的阿难陀诵出"经藏",由号称"持律第一"的优婆离诵出"律藏",因为优婆离是分八十次诵读的,故称为"八十诵律"。佛陀同我们中国的儒家先圣孔子一样,都是"述而不作"的,这大概是那个时代智者的一个习惯。这就给他们思想的传播带来了一些障碍。通过这次结集,阿难陀与优婆离分别诵出佛陀平时对弟子们的教诲,然后由五百阿罗汉讨论,甄别取得一致意见后才给予公布。孔子的《论语》是由弟子们整理成书的,佛陀的"经藏"与"律藏"也是由其弟子阿难陀和优婆离分别诵读,尔后由五百名弟子讨论通过的。这是佛教最初的经典。从《论语》而产生了儒学,经过孟子、董仲舒、朱熹乃至近代梁漱溟、熊十力等儒家圣贤二千六百年的接力,儒藏典籍汗牛充栋,已经为中国最大的智慧与知识宝库。佛教也是这样,从最初的"经藏"和"律藏",发展到现在的数量巨大的经、论、律三藏典籍,也是经过两千六百年来历代的高僧大德们持续不懈的努力,才形成了南传上座部、藏传与汉传三大佛教分支的广阔而又缜密的智慧与修行体系。

前面说过，英语中的宗教religion 一词，源于拉丁语，原意是连接。这样的定义很有意思，也很贴切。以色列的尤瓦尔·赫拉利在其著作《人类简史》中认为"宗教是第三种让人类统一的力量"。正是这样一种力量，连接起不同地区、不同族类的人们，让他们服膺于一种神圣的感情，虔诚地遵循具有约束力的道德规范与价值观。

让不同地区、不同种族的人信奉同一种宗教，第一要务是翻译经书。让经书在离开它的母语之后，在另一种语言里尽可能保持它思想的精髓和教义的真实，这的确是一件非常困难的事情。公元5世纪初来中国传教并在长安主持翻译佛经的西域高僧鸠摩罗什，圆寂前对前来看望他的后秦皇帝说："如果我翻译的经书违背了佛祖的意志，出现了谬误，那么在火化后，我的肉体将化骨扬灰，什么也不能留下；但如果我的翻译体现了佛祖经书的奥妙，火化后我的一条舌头便会完整地保存下来。"皇帝记住了这席话，当鸠摩罗什圆寂后，他命令将这位伟大的经师荼毗（火化），结果奇迹出现了，烧余的灰烬里，不但出现了很多的舍利，更有一条闪烁着幽幽蓝光的舌头完整地保存了下来。如今，这条金刚舌还珍藏在西安草堂寺的地宫里。而草堂寺，正是一千六百多年前鸠摩罗什主持的皇家译经场。那是中国古代少有的规模宏大的佛经翻译机构，数百名追随精通巴利文、梵文、龟兹文以及汉语的鸠摩罗什的同修及弟子们，在这里译出了一万多卷佛经。至今，鸠摩罗什翻译的《金刚经》

《法华经》等，仍然是大乘佛教中流传最广的经典。

所以说，语言的使者是天使，因为他们，生活在任何一个角落的人们，都能享受到全人类最高的智慧，都能倾听上帝、真主与佛祖的声音。

四、大西北——中华文明诞生的另一个摇篮

帕米尔高原的瓦罕走廊，位于新疆喀什地区的塔什库尔干塔吉克自治县境内，这条走廊连接着塔吉克斯坦、阿富汗、巴基斯坦与中国，因此又称作"四国走廊"。

帕米尔高原是世界的屋脊，也是亚洲的腹心地带，全长四百公里的瓦罕走廊是高原上最为重要的通道之一。走廊在中国的出口是位于喀什最西端的红其拉甫口岸。

红其拉甫，是阿拉伯语的音译，意思是"流血的沟"或"死亡之谷"。关于这条平均海拔在四千米以上的山沟，最早西行前往印度求佛的中国高僧法显在其著作《佛国记》中是这样描写的：

> 上无飞鸟，下无走兽，遍望极目，欲求度外，则莫知所拟，惟以死人枯骨为标识耳。

通过法显的描绘，我们大致可以了解瓦罕走廊的荒凉和恐怖。

"行路难，难于上青天"在这里得到了体现。但是，早于鸠摩罗什前往印度求法的法显，以及比鸠摩罗什晚了一百多年的玄奘，都是从这条路上抵达印度并携带回大量的梵文与巴利文的佛经。瓦罕走廊所在的塔吉克居住地，在玄奘的《大唐西域记》中被称之为"揭盘陀国"，比玄奘早了差不多七百年的张骞出使西域，称这里是"蒲犁国"。而当地土著塔吉克人也是阿拉伯语的音译，意为"戴王冠的人"，塔吉克人自称是"汉日天种"，即汉族的公主与天神幽会生下的后代，这位天神即名叫阿胡拉·马兹达的太阳神。

中华历史记载的最早穿行瓦罕走廊的是张骞，距今将近二千一百多年了，但汉文化应该在汉武帝时代之前就在这里开始传播并被土著的塔吉克人所接受，不然，他们不会称自己为"汉日天种"。

瓦罕走廊是丝绸之路的咽喉。但是，这条路的文化价值一点也不逊色于经济。单从这条路上宗教的传播来讲，公元8世纪中叶是一个分水岭。此前，佛教东进，许许多多的印度及西域高僧从这条路上进入中国。东土高僧亦从瓦罕走廊西出国门到印度求佛求法。但随着公元751年7月怛罗斯战争的爆发，从瓦罕走廊进入中国的就不再是佛教而变成伊斯兰教了。

在公元8世纪中叶，瓦罕走廊的西头是一个迅速崛起的以麦加为中心的阿拉伯帝国，瓦罕走廊的东头大约三千公里处则是以长安为中心的大唐帝国。两个当时世界上最强大的帝国相距四千多公里。公元713年，阿拉伯帝国的东征军主帅屈底波率领伊斯兰军团穿越波斯高原，夺取了距麦加四千余公里的大唐帝国的边城怛罗斯（即今天哈萨克斯坦的江布尔城）。消息传到长安，大唐帝国的皇帝玄宗李隆基感到震惊，他立刻派出使臣前往怛罗斯，交给屈底波一封信，希望他派遣使者来到长安，双方商谈化解这一场危机。屈底波傲慢地扔掉了唐玄宗的信，继续挥师东进。唐玄宗于是下令唐朝军队向西出征，穿过瓦罕走廊，决心夺回怛罗斯。

但是，这一场战争以大唐军队失败而结束，紧接着安史之乱爆发，藩镇割据局面形成，大唐帝国再也无力掌控西域，由汉武帝扩展的中华帝国在西域的大片土地从此失去。伴随着军事上的节节胜利，阿拉伯帝国的商人、使节、传教士纷纷涌入帕米尔高原东侧的中国。从此，在瓦罕走廊上——丝绸之路最艰险的一节，不再有佛教的高僧大德行走。当年的佛教之路，变成了伊斯兰教之路。

从西汉时期开始，自长安穿越帕米尔高原抵达阿拉伯半岛，这一条被誉为丝绸之路的漫漫长途，一直是中国的文明走廊，无论是输出中华文明还是引进印度、埃及以及美索不达美亚文明，这条道路都在发挥着无法替代的作用。著名历史学家翦伯赞先生曾经撰文说东北的呼伦贝尔大草原是中华民族诞生的摇篮。东胡、乌桓、鲜卑、契丹、女真，蒙古等众多民族在那片辽阔的草原上写出了他们最初的史诗。我个人认为，大西北的新疆地区，应该是中华文明诞生并成长的另一个摇篮。这一片被雪山与沙漠环绕的点点绿洲，即历史中的西域，曾经有赛种人、印度人、吐火罗人、匈奴、回鹘、突厥、蒙古、吐蕃、柔然等众多民族在这里繁衍生息。

在大西北，特别是新疆，我们从当地的语言中也可以观察到不同文明不同宗教在这里的交流与撞击。如阿克苏地区的库车，这里是历史上著名的龟兹国所在地，它的首都名为拜城，这便是回鹘人统治这里留下的突厥语孑遗。拜在突厥语中念"巴依"，意为富饶之地，城是汉语，突厥语与汉语的结合产生了拜城。

在伊斯兰教东扩的过程中，笃信佛教的回鹘人进行了顽强的抵抗，12至14世纪的喀喇汗王朝像一堵墙似的成为佛教的屏障。最终，喀喇汗王朝没有抵得住伊斯兰的圣战，龟兹亡国了。当然，佛教也在这片土地上消亡了。在拜城，离古城遗址不远的地方，有一处村庄叫"墩麻扎村"。墩是维吾尔语，高处的意思；麻扎是阿拉伯语，即墓地的意思；村是汉语，由三种语言组成的这个"墩麻扎村"，留给历史的记忆应该是残酷的宗教战争。是什么样的人埋葬在这高处的墓地里呢？是无辜的人民还是宗教的战士？将近千年的时光过去了，我们无从知晓当时的事件经过，但通过这个地名，我们仍能从苍茫的废墟中想象文明冲突的惨烈。

五、结束语：在语言的河流上

语言既像是一片繁茂的森林，也像是一条汹涌澎湃的河流。在河流的发源地，或许是一掬晶莹的雪水，一泓清澈的小溪。但我们现在都生活在河流的下游，其汪洋恣肆的状态让我们感受到生活的复杂与多变。打个比方吧，两千六百多年前的孔子，是生活在汉语的上游，如果让他复活，他可能变成了文盲。因为除了汉字没变（其实也变了，简化字把我们优美的象形文字弄得面目全非），但用汉字组成的词汇，百分之九十是孔子他老人家没有听说过的。如觉悟、禅修、佛性这样因佛教而产生的词汇，如一带一路、全球化、经济危机这样一些有着鲜明时代印记的语言，他听了肯定会发懵，他甚至会产生疑问：这是我的故乡吗？是我热爱的中国吗？

　　说到这里，顺便开一个玩笑，如果让孔子复活，他看了海航的《社会责任报告书》和每年提供给股东的财务报表，也一定会犯晕。不要说他老人家，就是像苏东坡、曹雪芹这样的大文豪，恐怕也会如堕五里雾中。语言是用来记载历史的，也是用来管理社会与沟通心灵的，一旦语言产生了歧义，我们的生活就会产生混乱。但毫无疑问，在语言的河流中，人类的历史将贯穿始终。一旦语言的生态被破坏，我们每个人都会生起无限的乡愁。

2016年7月22日
在"第二届东西方经济文化高峰论坛"的演讲

寻找城市的灵魂

一

一个多月前,我接到黄石市委宣传部的邀请,要我来这里给大家做一场演讲,我虽然接受了这个任务,但心里却一直没有底,因为完成这个任务,对我来说,的确有些困难。

在湖北的地级市中,历史文化丰富而灿烂的城市不在少数,如荆州、襄阳、黄冈、宜昌、随州等,我都去讲过。这些城市有的诞生过改写中国历史、创造文明的伟大人物,有的发生过震烁古今的历史大事件,在那里演讲,我能引领听众走近历史的现场,叩问过往的伟大人物的心灵。但在黄石,我却不能这样做,不是说黄石缺乏历史,而是说这里的历史是跟着走的历史,它没有诞生过炎帝神农，没有诞生过楚庄王、孙叔敖、张居正，也没有诞生过毕昇、李时珍，因此这里的历史没有影响中华民族的进程。作为一名热爱历史、关注苍生的作家，我来黄石能讲什么呢？

　　这个问题在我脑海中挥之不去，纠结了一段时间。有一天，我在整理今年8月我在河西走廊考察丝绸之路的札记。突然想到了首先在地中海国家诞生的那句谚语："条条大路通罗马"。接着又想到比利时诗人维尔哈伦写的那句有名的诗"一切的路通向城市"，以及智利诗人聂鲁达的诗"我走过一个又一个城市，我同一个又一个陌生的人握手"，顿时，我意识到我在黄石演讲问题上走进了一个误区。黄石不以历史取胜，但黄石毕竟是一座城市，作为鄂东门户，长江要塞，它也是华中城市群中不可或缺的一个结点，一段乡愁，或者干脆可以说，它是一枚钻石，一颗星辰。而且，顺着历史的长河回溯，这里又何尝不是历史事件的发生地呢？中国的铸铁技术，大约在公元11世纪经伊朗传入欧洲。炼钢炉的前身即坩埚和铁匠炉。远在春秋战国时期，黄石的铜绿山就有坩埚出现。坩埚是炼钢炉的雏形，没有坩埚就没有越王勾践剑的诞生。我怀疑，铜绿山的陆字，应是炉字。这里两千多年前就出现过铜炉。想到这一层，我的脑海中改变了黄石的模糊状态。中国的历史中，对技术创新的主体——工匠从来缺乏必要的恭敬与表彰。中国古代的四大发明，都是工匠所为。造纸的蔡伦、发明活字印刷的毕昇，木匠鲁班、发明了纺车的黄道婆，他们都是伟大的工匠。

工匠发动了技术革命，但对工匠却少有记载。西汉有了第一把牙刷，晋朝有了第一把剪刀，唐朝有了第一只熨斗，五代有了第一支杆秤，北宋有了第一只五斗柜，这些影响了世界文明史进程的伟大发明，足以让我们顶礼膜拜，可是在座的诸位，你们有谁知道这些发明者的名字吗？作为工业城市，黄石很早就是一座工匠之城。但是，迄今为止，中国却没有一座工匠博物馆，我建议黄石建一座中国工匠博物馆。

二

虽然我这一辈子大部分时间都住在城市中，但真正思考城市这个话题，应该是2007年。其时，上海世博会正在紧锣密鼓地筹办。我受湖北省人民政府的聘请，担任世博会湖北馆的总策划。这一届世博会的主题是"城市，让生活更美好"，所有国家与地区乃至中国各省市的展馆都得围绕这一主题展开。经过将近三个月的构思，我提出建造湖北馆的主题为"水是城市的历史，城市是我们的历史"。这一主题的提炼乃是为了表现千湖之省的城市特色。也许是兼顾到世界性与地方性这两种元素，又符合世博会的理想诉求，湖北馆这个主题得到大会组委会的肯定。在世博会开幕后的讲演周，我受邀前往上海图书馆做了演讲，题目就是《城市是我们的历史》，这篇讲话稿后来发表在《人民日报》上。

在这篇讲稿中，我这样表述了我对于城市的看法："城市，让生活更美好"是这一届上海世博会的主题，它既是经验领域的普适性定义，又如此符合中国的理想诉求。人类的天赋在于永远乐意创造更为美妙的新的生活形态。而快乐与幸福是人类愿意遵循的永恒引力。在这个引力点作用下，诞生了诗歌和绘画、舞蹈与音乐；也诞生了科技与教育、园林与教育……这些足以让人类陶醉的文明，莫不都是构成城市的生命元素。人类花费足够长的时间来建造城市。这个过程既有愉悦，也有痛苦；既是毁灭，也是创造；既是生活，也是历史。

毫无疑问，城市是文明的产物。现代工业文明与古代农耕社会的最大区别，就在于城市的诞生与发育。

我们的祖先创造的汉字，称为象形字。比如说中国的国字，繁体的国字是在一圈围墙内，右边是个干戈的戈字，左边则是地上的一口井，这寓意是城墙之内执戈的武士守护水源。我想，创造这个国字的祖先，其最初的意念就是城。城市的两个基本要素，就是军队和水源。

我到过一些远古人类的文化遗址，如浙江的良渚、湖北的屈家岭、枣阳雕龙碑等等，它们距今五六千年，用今天的眼光看，只是一个很小的村庄，但在当时，就是氏族先人居住的城市了。那时聚居区，只有水源没有军队，但是有猎人。到了三千年前的三星堆遗址，从出土的文物来看，城市的规模就扩大很多了。既有象征权力的金手杖，也有象征财富的摇钱树，还有很多祭祀专用的玉器。这时候的城市，开始具有我们已经熟悉的城市功能了，譬如说政治中心、经济中心、文化中心、宗教中心等等。为消费者提供商品的工匠开始大批出现。这些商品无一不是技术创新的结果，如将玉料加工成精美的玉器所必需的工具和工艺，从矿石中提炼黄金与青铜，除了提炼所必需的设备和工匠，还有将这些金属变成各种艺术品的伟大的设计师。由于贵族的出现，消费拉开了档次，从普通家庭必需的舂米用的石碓到磨制豆浆的石磨，到专为王公贵族定制的美酒及金器、玉器及青铜器、漆器。工匠作为城市的主要市民，其队伍不断扩大。今天，我们走进各地博物馆，看到里面珍藏陈列的，无一不是当时艺术的珍品，也就是我们通常所说的奢侈品。大家都知道，普通人眼中的奢侈品，就是贵族的日常生活用品。奢侈品的定义就是它不仅仅满足于功能性的使用，更注重它的材料的贵重及造型的美观。钻石不可能成为手表必备的材料，但因为钻石镶进了手表，它的价值立刻就要增加很多倍，七彩宝石并不能增加刀剑的锋利，但将它们镶进刀鞘与手柄，这把剑就体现了高贵与身份。因此可以说，奢侈品促进了商品的更新换代，也拉动了消费的市场变化，而这一切都是城市带来的。所以我说，没有城市就没有技术革命，由于技术革命产生的成果，今天的草根生活，在其便捷和舒适度上，甚至超过了远古的帝王，而这一切，莫不是因为城市的产生。

三

一座城市的诞生与成长，既有规律可循，也有某种机缘。城市的生命同一个人一样有长有短，有萧瑟的季节也有灿烂的篇章。2013年岁暮，我与我的同事一起去澳门参加2013年度文化人物的颁奖。入住葡京酒店，在金碧辉煌的酒店大厅里，看到琳琅满目的陈设、珠光宝气的名媛以及各色人等。触景生情，勾起了他对去世不久的母亲的怀念。我看到他怅然若失的表情，便对他说："你要站在时间之外。"他不解地问我："我怎么能站在时间之外呢？"我问他："三百年前，你站立的这个地方是什么？"他想了一下，说："应该是个渔村。"我说："是呀，这里恐怕连渔村都不是，只不过是一片荒凉的长满荆棘杂草的滩涂。"

我接着对同事说，因为葡萄牙海盗的入侵，澳门这个小渔村变成了一座城市。但是，三百年后、五百年后它还会是城市吗？站在时间之内观察一件事、一个人、一座城市，我们看不到它的始终。只有站在时间之外，我们才能对客观世界有独立清醒的判断和认识。

如果从城市的功能划分，我们大致可以将城市归类为战略型城市、交通枢纽型城市、资源型城市、工业化城市、贸易型城市、旅游型城市。这些城市的功能可以汇合、叠加，但某一种功能必定是这座城市的品牌。

　　长安，即今天的西安，建都长达一千余年，历经十三朝；当下中国的首都北京，从最早金朝于此建都开始，也将近一千年了。这两个中国古都城市，都属于战略型城市。秦始皇统一中国，依然立都于长安，这是因为三秦大地是周朝故都，秦王朝的发家之地。兹后的汉、唐两个最伟大的朝代，之所以不迁都，乃是因为当时中国最大的外患在西北，终汉一朝，匈奴始终威胁着中原政权的稳定。刘邦立国不久，在山西大同白登山一战，差一点死于匈奴之手，被围困七天七夜才侥幸逃脱。汉武帝虽然从匈奴手中抢回了河西四郡并打通了西域的丝绸贸易之路，但匈奴的威胁也没有完全解除。自北宋建都汴梁（即今天的河南开封）之后，中国外患的中心由西北移向了东北。后晋石敬瑭割让燕云十六州给辽国，造成了中原政权无险可守。东北的少数民族开始空前的活跃。中国二十四史中的北魏史、辽史、金史、蒙古史，还有二十四史之外的清史，都是由东北的鲜卑族、契丹族、女真族，蒙古族所缔造。西北的匈奴虽然危及中原政权，但从未取而代之，但东北的少数民族却多次取代中原政权。长安处于秦岭以北、渭河之左，扼制着幅员广阔的西北，燕京建于燕山之北，凭借山海关、居庸关、金鸡关、松木关等五大隘口守御中原。所以说，这两个首都的建立，主要是出于军事战略的考虑。

　　有的城市自诞生以来，就一直弥漫着富贵气、脂粉气，或者说浸透了温柔，浸透了暮鼓梵钟的宗教情怀。在中国，南京、杭州、苏州、成都乃至扬州都是这类城市的代表。在古代，财富与女人以及繁华的都市都是发动战争的理由。南京的著名词人柳永写过一首词，词牌名《望海潮》，是写杭州当时的繁华。全词如下：

东南形胜，三吴都会，钱塘自古繁华。烟柳画桥，风帘翠幕，参差十万人家。云树绕堤沙，怒涛卷霜雪，天堑无涯。市列珠玑，户盈罗绮，竞豪奢。

重湖叠巘清嘉。有三秋桂子，十里荷花。羌管弄晴，菱歌泛夜，嬉嬉钓叟莲娃。千骑拥高牙。乘醉听箫鼓，吟赏烟霞。异日图将好景，归去凤池夸。

汉朝以后，中国开始出现了描写城市题材的诗词歌赋，如司马相如、李白、杜甫、王维、苏东坡、周邦彦等都有描写城市生活的杰作。柳永这首词作一出来，立刻传遍淮河南北。为什么说淮河南北呢？因为当时中国分裂为两个政权。以淮河为界，淮河南是南宋，淮河北是大金。当时金国皇帝完颜亮看了柳永的这首词后，也写了一首诗：

万里车书一混同，江南岂有别疆封？
提兵百万西湖上，立马吴山第一峰！

完颜亮是金国最有才情也是最淫乱的一个皇帝，同时还有雄才大略。正是他的决策，1153年，大金国从遥远的黑龙江的金上京（即今天的哈尔滨阿城区）迁都北京，这是北京建都的开始。他从柳永词中看出了南宋首都杭州的繁华，无论是财富还是风情，都远胜金国的首都北京，于是完颜亮便动了攻占杭州统一中国的野心。万里车书一混同，这个混同有两层意思，一是秦朝统一天下后颁行的车同轨、书同文的法令；二是大金建国伐辽，一千五百名士兵在完颜阿骨打的率领下第一次渡过松花江去进攻辽国的黄龙府，这条松花江，当年就叫混同江。"江南岂有别疆封"这句诗的意思就很明显了。完颜亮认为自己是中华的正统，而南宋政权即是别疆，于是他下定决心，"提兵百万西湖上，立马吴山第一峰"，因为他想占领杭州，于是重开南北战事，杭州也因金兵的攻打而数次沦陷。

在战争年代，凡是纸醉金迷、富贵熏天的城市必定遭受攻击。在历史的中兴期，凡是积累了大量财富、大量人才的城市，又会率先突破危机迈向新的时代。城市的命运是如此不可捉摸，又是如此曲折而丰富。

四

在中国，自汉代开始，凡是历史中兴的年代，也必定是城市快速发展的时期。去年8月，我访问河西走廊，历史上有名的河西四郡即武威、张掖、酒泉与敦煌，都是公元前133年由汉武帝派出的大将霍去病从匈奴手上夺取的。此前，那里是匈奴的老巢。中华帝国的版图由此向西拓展，达西域四十八国，其中不少国家被汉武帝征服而并入中国的版图。河西走廊是通向西域的咽喉。张掖也叫甘州，酒泉也叫肃州，甘肃省名就是用这两个州的州名合起来形成的，可见河西走廊的重要。我每到一个地方，都喜欢寻找当地的县志来看。在张掖市，甘州区的张区长送给我一套翻印的乾隆年撰写的《甘州志》，我从中看到张掖两千多年的历史。中国人修志的传统，可以说是世界上最优秀的传统，不但体例完备，而且品类齐全。从建制上说，有县志、州志，还有国史；从专业上说，有水利志、兵备志、选举志、外交志等等，不一而足。此外，尚有江志、河志、山志、家族志……甚至一座寺庙，一座村庄都有志。这庞大的历史传承系统，累世累代都没有断绝。正是从这些地方志中，我大略知道一些中国主要城市的变迁，除方志外，还有不少文人对某一座城市的记录，后人读起来更觉有趣，更觉生动。这一类的书，我读过记述北京的《燕京旧闻》《帝京景物略》，记述洛阳的《洛阳伽蓝记》，记述苏州的《铜桥倚棹录》，记述北宋都城汴梁的《东京梦华录》，此外还有《杭州凌波志》《扬州画舫录》，这些都是凭记忆信手拈来，读过的远不止这些。此外如西汉司马相如、杨雄等人的《西京赋》《东都赋》等，北宋画家张择端描摹汴京繁华绮丽的《清明上河图》等等，无不为后代研究中国城市的变迁提供了丰富而翔实的史料。在《张居正》这部历史小说中，我描写了明中叶时期的北京、南京、扬州、荆州等城市，在不久前出版的我的第二部长篇历史小说《大金王朝》第一卷《北方的王者》中，我比较细致地描写了北宋中叶时期的燕京与汴梁，即今天的北京与开封，在第二卷与第三卷中，我还会写到大同、太原、洛阳。将这些城市恢复到九百年前的状态，对于我来说，是一件快乐的事情。

黄石是一座年轻的城市，在清之前，没有黄石志，因为它那时只是一个大冶县下属的乡镇，黄石很年轻，但黄石这个地方的历史并不年轻。远在春秋战国时期，黄石境内的铜绿山就是楚国最为重要的铜矿区。无论是春秋五霸还是战国七雄，楚国都占有一席之国，无论是五霸还是七雄，除了楚国，余下的霸主和雄主，都在黄河两岸。因此可以说，楚国是中国南方长江流域的唯一霸主。楚国的青铜器与漆器，都是当时最好的商品，既是老百姓的生活必需品，也是各国贵族情有独钟的艺术品、奢侈品。随州曾侯乙墓出土的编钟，不但恢宏大气，而且制作精美，其工艺水平，可称独步天下。曾有人对我说："曾侯乙就相当于一个市委书记，这么个不算高职位的地方官员，用如此奢侈的编钟，肯定是僭越。"在春秋战国时期，上等的贵族称为钟鸣鼎食之家。就是吃饭的餐厅必须摆着鼎，喝酒时必须用编钟奏乐，这在中原，只有国君与上大夫才能享用。曾侯乙显然不是国君，也不是上大夫，他为什么能用这么好的编钟和鼎呢？因此有人就说他僭越。在我看来，这不是僭越，而是"近水楼台先得月"。在山西甘肃这些远离海洋的缺水地区，用燕鲍翅这样的高档海鲜招待客人，肯定是难之又难，除非最高贵的客人才可以享受。但如果你就住在海边的渔村里，岂不是天天可以吃这些海鲜？曾侯乙能用编钟，就相当于海边的渔民能吃鲍鱼，这是坐享地利啊！

因为有了铜绿山，楚国便有了取之不尽的青铜原材料，至于楚国的青铜器制作工坊在哪里，迄今为止，也没有定论的说法。我个人推断，应该就在铜绿山附近。因为，以当时的交通条件，大规模运送矿石或提炼出的铜坯，是一件相当困难的事情，只有在铜矿附近的地方进行加工制造，才能节约大量的人力物力。从成本的角度考虑，是最划算的。很可惜，楚灭国后，大量的宫廷记载被毁灭、遗失，出土的竹简中没有这方面的记载。但有一点却是事实，直到20世纪，黄石才因铜、铁、煤等资源，而成为新中国的第一批工业城市。尽管此前的19世纪，张之洞担任湖广总督时，推行新政，引进现代工业，成立了汉冶萍公司，黄石有了一些发展，但黄石最大的发展空间，却是1949年之后才获得。此前，并没有因为丰富的矿产资源成为一座代代相继的城市。工匠是随着工厂走的。如果两千多年前不是秦而是楚统一了中国，黄石的地位将会因为大批的工匠而大幅提升，并成为中国最早的工业城市。

历史不相信假设，但作为历史学家，我们仍可以采取胡适先生的"大胆假设，小心求证"的方法，对黄石的前世今生，做一个合理的判断。

五

在阿拉伯——土库曼语中有这样一段话："希腊人只有一只眼睛，唯有中国人才有两只眼睛……希腊人仅仅懂得理论，唯有中国才拥有技术。"这段话产生于一千多年前，那时候，中国工业制造的技术在全世界无可匹敌。这其中，就有从楚国一直沿袭相传的青铜器、漆器与丝绸。二战时候，苏联与美国攻陷了柏林，苏联人抢占的是德国的财富，美国人抢占的是德国的人才。得人才者得天下，这是真理。尽管德国的科学家很多去了美国，但大批的工匠依然留在了故乡。日本也是工匠人才辈出的国家。当今的制造业、工业商品依然是德国、日本仍遥遥领先于世界各国。现在，看到许多中国游客到日本抢购各种工业商品，甚至服装、鞋帽、平底锅等等，我就非常感慨：自西汉乃至清朝中叶的那些中国称雄于世界的工匠们，如今都到哪里去了？

两千年间，中国一直是技术输出大国，近二百年，中国丧失掉了这个地位。中国输出的丝绸、瓷器以及前面说到的那些工业制品，一直是中东及欧洲各国消费者的最爱。在这里，我再讲一个小故事。

穆斯林学者阿里·玛扎海里在他的《丝绸之路——中国——波斯文化交流史》中说到，郁金香原产于中国，波斯文称郁金香为"中国罂粟"，首先从中国传入伊朗种植，再由伊朗移植土耳其伊斯坦布尔，再被荷兰人发现携往荷兰。突厥文称为tulpen, tulipe。1593年（万历二十一年），比利时的外交官奥吉耶·吉塞林·德比斯贝克从土耳其将郁金香球茎寄给荷兰策顿植物园的卡罗吕斯·克拉休斯，荷兰气候湿润，特别适宜郁金香的生长。很快，郁金香就在这陌生的国土上艳丽生长，加之当时的荷兰拥有世界上最大的金融市场，郁金香＋金融，因而出现了历史上著名的郁金香经济。郁金香这朵花并没有在中国大放异彩，却成为荷兰的国花，至今享誉不衰。

同样，可能在铜绿山走出的青铜制品的工匠们，并没有给黄石留下太多华瞻的历史记忆，却作为世界工匠中不可或缺的一员，为人类文明做出了卓越的贡献。

资源各种各样，金属与煤炭这样的不可再生资源，一旦开采净尽，依赖它们而存在的城市无疑就陷入进退维谷的困境中。资源枯竭型城市如何浴火重生，这是历史交给黄石的一篇大文章。

荷兰人经由土耳其引进的中国郁金香，一度成为这个国家经济的灵魂。这是技术引进的伟大成果。当下中国，每一座城市，无论是经济上，还是文化上，都在寻找自己的灵魂。现在，建立创新型社会是一项基本国策。我个人认为，创新的主旨是别开生面，但在某种情况下，回归也是一种创新。对于黄石来说，往前走，绝不是百废待兴，而是百业待举，比如劲酒，对于黄石来说，就是一种创新。

历史是无情的，它会让很多城市死掉；历史也是有情的，它也会让许多城市摆脱困境，迈向辉煌的未来。

2016年1月6日

在湖北省黄石市的演讲

没有故乡,哪里有乡愁

——从人文主义与中国传统文化的融合说起

各位朋友,我今天讲的话题是"人文主义与中国传统文化的融合"。现在大家已经有了一个共识:文化是一个民族的血脉和精神家园。去年(2014)和今年,在全国人大会议上讨论的时候,我在发言中讲到,文化是我们的精神家园,是我们的血脉,这种表述当然是准确的,但是,我想提出一个问题:什么样的文化才是我们的血脉?什么样的文化不是我们的血脉?这个前提如果不分清楚,我们有时候就会"错把他乡作故乡"。

当下,在中国,能够产生影响力的,有三种文化。第一种是我们的执政党竭力在推行的社会主义文化,它也是指导我们当今的政府和社会工作的主流文化。如果共产党员和政府的公务员不信奉这个文化，就不能够很好地为政府、为党工作；第二种是国家的全体公民信奉的中国传统文化。老百姓所有的道德标准、风俗习惯、思维方式都是与这个传统文化有关的；第三种文化是新一代年轻人所欣赏和追逐的西方现代文化，我称之为西方文化。

从这种现象可以看出，不同的人群被分割开来了。执政党信奉的社会主义文化，老百姓信奉的传统文化，年轻人信奉的西方现代文化，这三种文化分歧极大，互不相让，使本来可以成为一个整体的中华民族文化主体，呈现出了一种被割裂的状态。当然，我们不能用行政的方式，也不能用意识形态的方式，去改变这多元文化各自存在的现象，但我们可以对其进行反思、批判或者否定。要点是如何做到在文化的多元性中凸显我们的主流文化。这是我们的国家正面临的一个非常重要的问题。

尼克松在《1999：不战而胜》这本书中说过：一旦年轻人不相信他们本民族的文化了，那就可以宣示着西方的胜利，即"不战而胜"。我们的国家改革开放三十年来，在文化上所采取的方针，正好迎合了西方政治家的观点。这无疑是一个非常严峻的问题。所谓"命运共同体"，是以中华文化为基础的命运共同体，还是以美国为首的西方现代文化的命运共同体，值得我们深思。所以，往往在一个大的命题出来的时候，我们在欣赏它所包含的内容的同时，也必须保持清醒的头脑，多问几个"为什么"。

关于西方的人文主义精神，早在启蒙时代就有人提出过。它是西方文艺复兴时代的产物，所对应的是中世纪西方宗教的原教旨所带来的文化。这些人文精神让美国得到了一种新生。同样的事情在我们中国也发生过。虽然是两条不同的轨道，但都遵循着文化前行的规律。就像一个人，出生之后会生病、会衰老。从文艺复兴时期产生的人文主义发展到今天，特别是一个多世纪之前，西方的智者先知先觉，早已发现了这个文化的一些缺陷，例如过分讲究个性的独立、人性的张扬，过分强调个体而忘了整体。而这也正成了新人文主义诞生的一个契机。而在我们中国，几千年来，我们的文化也一直在自我革新、自我求变，渐渐形成了一个完整的文化系统。

几年前，政府提出过"以德治国"，这是中国传统的治国理念。后来又提出了"依法治国"，这是来自西方的观念。如果把这两个观念合并为"依法治国，以德化人"，就可以涵盖东西方两种文化在国家和个人层面上所能起到的作用了。

在这里，我想讲三个关键词。我认为可以从这三个词中看出传统文化的一种发展以及行事、做人的态度。

一是"家国情怀"。西方最终发展起来的文化观念，是以"家"为主体的，讲究的是个人的自由、个人的隐私和财产不被侵犯，这是以家为主体的国家体制。中国则是以"国"为本体而产生的国家体制。其实中国古人很早就讲到了家与国的关系。儒家讲的是"修身、齐家、治国、平天下"。那时候的"国"是诸侯国，不是今天意义上的大中国。古人要"治天下",首先要解决一己修身的问题,要自律,要有道德修养。然后,在这个基础上解决好"家"的问题。接下来再为一个地方服务,最终为"天下"服务。这样一个渐进的过程,面对的是"家"和"国"两个层面。不修身难以齐家,不治国难以平天下。在修身的问题上,古人讲的是"穷则独善其身,达则兼济天下";范仲淹所说的"居庙堂之高则忧其民,处江湖之远则忧其君",则是其"升级版"。后来又演变到顾炎武提出的"天下兴亡,匹夫有责"。所有这些格言,强调的都是修身的作用,其思想实质,是一脉相承的,主旨都在如何处理好家与国的关系。所谓的新人文主义,也将家与国的关系纳入研讨的范围。中国传统最优秀的价值观,是从"人"出发的,而如何处理好家与国的关系,是一个人首先要明了的责任与担当。关于家与国在价值观上的体现,到了明代就集中在"忠"与"孝"着两个字上了。"忠"对应的是"国","孝"对应的是"家"。如果我们的执政党和政府不考虑个人的利益,不考虑个人的诉求,仅仅强调单一的"国",那么,这种文化的路,就会越走越窄,也就不可能有什么"文化自信"。这是我讲的第一个词语"家国情怀"。

二是"知行合一"。王阳明被贬到贵州的时候,寄住在龙场驿,独守着一盏青灯,写他的《传习录》。他的思想中有一个核心,就是"知行合一"。蔡元培当北大校长的时候,首先向学生们提出来的也是这个观点。到了今天,知行合一已经成为许多知识分子的行为准则与纲领，甚至是做人的方式。我在写长篇历史小说《张居正》的时候，写到了张居正的厌恶清流。这是因为，所谓"清流"，就是只"知"不"行"，老是当"空头政治家"。王阳明为什么会提出知行合一呢？倒是很少有人去探究。他提出这个问题是在明代武宗之后，一直到世宗、穆宗、神宗，经历四代皇帝，凡一百三十多年，整个明代由盛转衰，官场中人不愿做事、皆喜欢空谈。这一时期，也是中国民间书院和学术思想最为活跃的时期。泰山学派的重镇当时也随着王阳明转移到了江西吉安，因为王阳明在江西做官。他感觉到，当时喜欢"说"的人太多，"做"的人太少，无论是学校开的功课，还是官员们日常的交往，都沉湎于诗酒。我在《张居正》第一卷第五章里就特别写到了这种场景。张居正很清醒，一辈子重用循吏，而慎用清流。何为"循吏"？循吏就是"不管黑猫白猫，逮到老鼠就是好猫"，只想把事情办成的那类官员。老是讲很多规则、很多纪律，却办不成任何事情的，就是"清流"作风。在当时，官僚风气盛行，政令不出京城。在这种情况下，王阳明深感国家的文化危机首先出现在了官场上，他才提出了"知行合一"之说。这是中国文化的一次自身的革命。而在王阳明之前，至少还有三次文化上的革命。一次是距其不到两百年的朱熹，提出了"存天理，灭人欲"的观点。今天大家对这个口号大都是持批判态度的，认为朱熹不讲"人权"，忽视了人的价值，怎么能"存天理，灭人欲"呢？其实这个理论的产生，也是有深厚的社会历史背景的。

我最近正在创作长篇历史小说《大金王朝》的第一部《北方的王者》。当年，六万女真兵马，分成左路军、右路军，为什么只用了一年的时间，就把辽国的皇帝天祚帝俘获了？又用了一年的时间，把宋代的两个皇帝即徽宗、钦宗父子也俘获了？辽国的野战军当时将近三十万人，宋代的野战军是八十万人，加起来一百一十万人，却打不过女真的六万人。这是什么原因呢？考察这段历史，我们看到，宋徽宗上任当了皇帝后，没用几年的工夫就把他治理的宋朝变成了一个"娱乐化"的社会。所有的人都崇拜"歌星"和"影星"，所有的人都躲避战争，不愿意当兵戍边。人们的个性得到了彻底的释放，财富和奢侈品也成了社会最大的追求。当时，朝廷收税的税种有多少呢？一百五十七种！朝廷成了敛财的朝廷，百姓也只知道千方百计地娱乐、消遣。那时的朝廷体制也很有意思，一个徽宗皇帝之下，竟然有平起平坐的八个宰相，管收税的就有三个宰相。整个朝廷官场居安而不思危，只顾享乐，享乐也要根据级别来，所以才出现同朝八位宰相的体制"奇观"。这种情况下，国将不国是必然的。北宋灭亡之后，许多知识分子都随政府逃到了临安，过了扬州，到了南京，偏安一隅。南京也不安全，又跑到了杭州。在杭州，高宗皇帝依然热衷于去钱塘江观潮，照旧在西湖上泛舟游玩。所以才有了南宋诗人林升的那首著名的沉痛的诗："山外青山楼外楼，西湖歌舞几时休。暖风熏得游人醉，直把杭州作汴州。"同时，一起南渡的士大夫知识分子也开始了反思，总结出了十六个字，道出了大宋灭国的原因："垂髫之童，但习鼓舞；斑白之老，不识干戈"。这样的社会，哪里还会有希望呢！果然，最终大家都死在了一条船上。

朱熹正是在这个时候痛定思痛，提出了"存天理，灭人欲"的观点。他的观点显然是针对娱乐化社会提出来的。而王阳明则是针对官场上存在的浮躁、奢谈之风盛行，不注重仪式、风纪而提出来的。因此可以说，大凡有正义感、有担当精神、有忧患意识的文学家、思想家，一定会做到"文章合为时而著"。为解决社会的问题而进行社会理论创新，这个创新不一定是朝廷来组织的。推动中国历史前进的力量有两种，一是政统，一是道统。政统就是统治者，道统就是知识分子、思想家。知识分子自觉地认同中华民族这个家园、这条血脉，他们承担着延续与创新文化理论的使命。

我曾经讲过，周朝之后，中国的文化一共经历过七次大的危机。如今，我们就面临着第七次大的文化危机，从"天下兴亡，匹夫有责"那个时代，一直到今天还没有解决。第七次危机的时间跨度很漫长。在这个过程之中，一代代大儒提出了他们的许多真知灼见，来应对各自的时代。好学问一定要在"冷板凳"上做出来，不要太热。所以我赞同这样的说法：在文化的自我更新上，在道路自信、理论自信、制度自信之前，应该是文化自信。文化自信的问题解决不了，前三个自信都不存在。我们应该用文化的话语系统来看待和解释这个问题。

第三个词就是"天人合一"。很多人认为今年的气候十分反常，没有任何征兆就突然奇热无比，或者没有任何征兆又突然冷得要命。仔细一想，其实这种反常不是无缘无故的，而是有原因的。尼泊尔不是刚刚发生了八级多的大地震吗？在我看来，"天下"和"人相"是合一的，"大象无形"，于无形中找有形，这是先知先觉者可以做到的。近几年来，地球上几乎所有的问题都发生在西部。汶川大地震、云南的大地震，都在西南部、西部，一直延伸到了尼泊尔。在西亚，多少年来打得一塌糊涂，恐怖分子横行，恐怖活动不断。历史的大风水，天灾与人祸，在这个时代为什么多发生在西部呢？因为西部是最早由沧海变成陆地的地方，地下有大量的矿产。"府库不可轻启"，地球的府库一旦启动之后，就会有很多意想不到的大灾难来临。

有一年，参加中石油安排的一个活动，我有机会走完了"西气东输"工程的全程，五千多公里，从塔里木盆地的第一个用于采天然气的发电站，一直走到上海的白鹤镇。这条运输线五次穿过地下，两次穿过长江，并穿过黄河、淮河。这是国家的一个浩大的工程，伴随它的是"西电东送"。这样一个大工程建成了，可就泄了西北的"王气"。过去我们常说"乾坤大逆转"，西北为阳升之地，"一阳初始"的地方，地底下蕴藏丰富的天然气、石油，这可是地球的"府库"啊。府库越富的地方，一定是乾卦所在之处。后来，又有了第二个超大工程"南水北调"。南方最灵秀的地气就是水，被送到干旱的北方。这两个工程——西气东输、南水北调，在中国的大地上画上了一个大大的"十"字架。大自然被人为地做了巨大的改变。可是，在这些改变之后，人应该怎么去应对它呢？显然我们并没有想好。放在世界的人文主义经验系统来看，当下的世界，西方最能接受的中国传统文化的观点，大概就是"天人合一"与"求同存异"。这两个中华文化的智慧，今天的西方恐怕会优先接受，而且也许还会用接受的观点来看审视我们、质问我们：你们老祖宗传给你们的智慧，你们自己却都忘了！

  我们每个人都有故乡。我在童年时代，阳春三月里，在我住的那个深山小县城里，经常可以听到鹧鸪和布谷鸟的鸣唱。"行不得也哥哥"，悠远的鸟声从长满了瓦松的青瓦上散落下来。透过窗子，可以看到乡下小姑娘拎着卖兰花的小篮子，花两分钱就能买到一株兰花。这些难道不是我们的乡愁吗？那样的春天，一出门就是鹅卵石铺就的街面，那时候的生活非常温润、安静、缓慢。可是我们今天所有的快节奏的生活，给我们带来的是什么呢？这也是值得我们好好反思一下的。我们的故乡面目全非了。没有了故乡，哪里还有乡愁呢！

  去年，习总书记召集大家，在北京召开了文艺座谈会，我有幸参加。总书记跟我们讲：关于中国当下的文艺问题，他有意识地找了一些朋友了解、座谈，他自己也多方面地观察过，而且是很长时间地观察，他用了两个字概括当下的状态，就是"浮躁"。——今天在座的叶小文书记，当过国家宗教局局长。我也是一个佛学的研习者，我个人认为，佛教学也存在浮躁的问题。总书记的这个观察结果，对我们来说真如一记"棒喝"。一个歌星，一年出好几盘歌碟；一个影星，一年演上百集电视剧，你天天赶场，出演这么多角色，拍出来的不是快餐又是什么？会有营养、会有品质吗？那是不可能的！那些转基因的大米、瓜果，谁都不敢去吃，可是那些类似"转基因"式的文艺产品，大家怎么天天都在吃，而且乐此不疲，仿佛还吃得津津有味呢？这难道不值得反思吗？一方面是我们的领导者，我们的政府各级部门，都清醒地看到了这个问题，都知道这是"浮躁"的结果，是要不得的；但另一方面，这种局面就像一个上足了发条的陀螺，停不下来。我们的管理模式和思想追求是分裂的。这种情况在我们的政府部门存在，在我们的学者、知识分子和每一个从业人员当中也都存在。

我们的古人讲过："天欲祸人，必先以微福骄之；天欲福人，必先以微祸儆之。"这是什么意思呢？老天要惩罚你，一定会先给你一些小恩小惠，让你认为这么做是对的，因而变得骄横和恣意起来，结果就会遭遇灭顶之灾；老天要是想成全你，也总是会不停地让你去经受一些坎坷、一些磨难，让你时刻具有清醒的头脑和警惕之心。一个国家，一个民族，一个单位，一个个体，都不要去奢求永远的一帆风顺，那样也许并不是什么好事；倒是时常遭受一点坎坷，才会使人清醒，使人常有进取和励志之意，才能懂得做事的节奏和方法。十二届全国人大一次会议的选举中，有两个得票最低的领导，一个是环保部部长，一个是人大常委会环境资源委员会主任。倒不是这两位领导个人有什么问题，而是代表们对我们生活环境的恶劣已经难以忍受了。投票反映出了普遍的民意，这就是人在"替天说话"了，是真正的"替天行道"。这就是"坎坷"，会让我们的心灵觉醒，也会让我们的文化觉醒。

在一个真正的思考者面前，不应该对他施加强权意识。一定要让他保持独立的思想，让他自然地去想到"国家"这个命运共同体。扩大一点说，想到亚洲这个命运共同体；再扩大一点说，就是今日的天下这个命运共同体。我有一个可能是大家不怎么愿意听的结论，我愿意在这里说出来：我希望，对待传统文化，要采取适当的保守主义为好，不要一天到晚总是想着创新、创新、创新。唯其"保守"，我们才能守望住自己的精神家园。倘若我们的精神家园一日千变，那我们真的就会一夕数惊，越变你会越觉得恐慌和困惑，你会越觉得自己是一个没有故乡、没有根基的人。一个没有故乡、没有根基的人，那就是无依无靠的游子和浪子，他将找不到自己的方向和精气神，也就没有了自己的传统文化，更谈不上什么"人文主义"和"新人文主义"了。我的演讲就到这里。谢谢大家。

2015年4月27日，在湖北省社会主义学院
"新人文主义与中华文化复兴学术研讨会"的演讲

历史故事中的"三严三实"

谢谢省委组织部邀请我来和大家交流一下对"三严三实"的学习体会。这些年来我一直在从事历史文学创作,也可以说是一直在研究和学习历史。那么我就从历史故事、从传统文化的角度,与大家交流一下对中央提出的"三严三实"的理解。"三严三实",想必大家都认真学习过了,因此我也就不必从当下执政党的角度看"三严三实"的作用了。我要讲的是传统文化中的"三严三实",讲历史上发生的类似"三严三实"的故事。我想大家对这个可能比较感兴趣。

任何一位卓越的领导人,他在提出某个观点的时候,一定会有强大的理论背景、历史渊源的支持,同时,也是根据当下时代的要求而适时提出的。我们国家历代精英和贤达,都有过与"三严三实"类似的论述，或者是发生很典型的故事。我刚才和一位领导在讨论的时候就说，每个口号提出来，看起来很平常很简单，但是你只要深入进去就会发现，它背后一定有历史渊源，当然，领导人的传统文化和理论修养，在这个口号的提出时会起很大的作用。

举一个例子说吧，鸿忠书记提出的"竞进提质"这个口号，开始时大家都觉得很生疏，以为"竞进提质"可能是个生造的词吧？这还真不是一个生造的词。当年梁武帝笃信佛教，有一次他请了两位大师到宫廷给他讲佛学。其中一位是梁武帝时的法云大师，还有一位是志公禅师。这两位都是对佛学研究很深的高僧。梁武帝请他们来讲佛学，先请法云大师"开示"。法云大师走到讲台上来，拿着戒尺画了一个圈，然后将戒尺一放，就走下了台来。梁武帝不解地追问："这就是开示？这是什么意思呢？"志公禅师在一旁解释道："就是希望你'竞进'的意思。"尺，就是法规、尺度，做事的规矩；用戒尺画一个圈，表示无规矩不成方圆。从表面上看，并没有给你画地为牢，但是你做什么事情都应该"竞进"，应该提升自身修行的质量。前年，鸿忠书记在台湾和星云大师对谈了大约两个小时佛学心得，谈到了佛学里的生命与激情。我还听他讲过，他在深圳市当市委书记的时候，在哪些报告里引用了佛学的道理，只是表面上看不出来而已。他在湖北提出的"竞进提质"的说法，也是出自禅家的一个典故。这个小例子说明，表面看似很简单的一个口号，只要我们深入进去，就会看到其中的历史渊源，看到我们的党和国家领导人活学活用、高屋建瓴的史学和传统文化修养。

2014年，习近平总书记在第十二届全国人大二次会议上，首次提出了"严以修身、严以用权、严以律己，谋事要实、创业要实、做人要实"，简称"三严三实"。"三严三实"首要一点是"修身"，最后一点是"做人"。意思是说，一个人如果对"修身"这件事情做不好，其他的像谋事、创业、用权之类，也都难以做好。一切的作用是自己修养的作用。历史上的很多事也都是按照这样的顺序来推进的。我讲三点对传统文化与"三严三实"的体会。

第一个体会："三严三实"是古时候对君子提出的要求。

君子与小人，这是人格相对立的两类人物。君子就是胸怀坦荡、做事光明磊落的人，是认真做事的人。《易经》里第一卦是乾卦，第一句就是"天行健，君子以自强不息"。古人说为官、为师，首先是指为人。为人的第一要求，就是以君子的要求来培养自己、约束自己、完善自己。在这里，我给大家讲一个典故，说明修身是对君子的第一要求。因为习总书记对于党员干部的第一要求，也就是"修身"。《贞观政要》这部史书大家都知道。当下中国正处在民族复兴的伟大进程之中，在这个进程里面，有两个时代是可以参照的，一个是汉代的中兴，二是盛唐的建立。"汉唐"时代在某些方面是我们今天的复兴的楷模。领导了汉唐时代伟大的复兴的两位皇帝——汉武帝和唐太宗，他们在"修身"这个问题上都做得比较好。因此，历史上也就有了这样两本书：一本是唐太宗领导唐代走向盛世的过程，被《贞观政要》记录了下来；另一本是记录汉武帝的盛世进程的《盐铁论》。我建议大家抽时间去看看这两本书。它们记述下了这两个伟大的中兴时代的理论基础。《贞观政要》里的第一篇就是《君道》，《君道》的第一段文字，记录了唐太宗的治国之道，讲的就是关于修身的。所以说君子之道，修身是第一位的。当皇帝的道理会有很多，那么第一个道理是什么呢？书中写了，当时唐太宗把几位重要的大臣召来，谈了一段话，翻译过来的意思，大致就是说：我登基当皇帝以后，认为最重要的一点，就是要把全国的老百姓放在心中。如果我们损害了老百姓们的生活利益，只让皇帝自己过得很幸福，就好比是我把自己肚子上最好的肉，一寸一寸地割下来，煮成了美味的浓汤，当我自己喝饱喝足的时候，我的死期也就到了。损害老百姓的利益而满足自己的利益，就等于是自己吃自己的肉。因此，让天下得以安宁的第一要素，就是我自己要修身。我还从来没有看到过，身子正的人影子是歪的呢！我也从来没有看到过，如果朝廷是很讲道理的，百姓的日子却是一片混乱的。如果我不修身，而是伤身，那么一切的国家灾难也会自此开始。如果我一味贪图奢靡享受，沉迷于声色犬马之中，个人的私利和欲望太多，那不光是会妨碍正事，更多的是坑害了天下百姓。所以，那些不讲道理的言论与政策，都必须杜绝。稍有差池，我们就会失去民心。

当时的大臣们，听了这段话之后，都觉得这个皇帝很不简单，竟然有这样一种高度觉醒的自我认识。不过，当时的宰相魏徵，却对皇帝提出了更高的要求。魏徵说："近取诸身，故能远取诸物。"翻译过来就是说：圣上刚才说的很有道理，你拿你的身体做比喻，来讲修身，修身就是修国家、修民心。你可以用这个观点去衡量天底下所有值得修养的问题。接着他讲了我们楚国的楚庄王的故事。当年，楚庄王要聘用孙叔敖来当令尹（宰相），因为孙叔敖的学问好、人品好，被庄王选中了。楚庄王就问孙叔敖：你觉得我治理朝政，最重要的事情是什么？孙叔敖就说了两个字：修身。楚庄王听后说道：我问的不是我自己，而是治理国家的问题。孙叔敖一笑，说：大王，我从来没有听说过，一个修身修得很好的国君，国家会变得混乱的。言下之意，你可不要认为修身仅仅是你个人的问题，修身就是为天下人做楷模呢！楚庄王听后恍然大悟，最终成了使楚国八百年间到达了最巅峰的一个国王。

在这里，孙叔敖把修身和治国的关系说得很清楚了。修身是"因"，治国是"果"。所以，习总书记在"三严三实"里面，把修身放在第一位。历代的贤良，那些国家精英、诸侯、大臣，也都是把修身放在第一位，放在一切问题的最前面。因此，古人就有了一个公式，也是儒家的关于君子实现自己政治抱负与理想的言论：修身，齐家，治国，平天下。这是一个递进的层次关系。一个"修身"不到位的人，应该说还没有资格去"齐家"。齐家，就是要对父母、妻子、儿女好，能对家庭承担起责任。一个人，家都没有管理好，那是没有能力当官，没有能力去"治国"和"平天下"的。因为你不具备楷模的作用，谁会听你的呢？当然，古人讲的"国"，也就相当于我们现在的一个省吧；古人讲的"天下"才是我们现在所说的全国。你只有先把一个地方治理好了，才有可能去治理天下，做天下的君王。所以说，修身是一切事情的根本。只有把个人的事情做好了，能够严于律己的人，才有资格去教化天下。魏徵正是接过了唐太宗的话，把这个道理深化和细化了，通过孙叔敖的典故，进一步说明了修身的重要性，把修身和治国条理化、系统化了。

第二个体会：修身是一辈子的功课。

就像我们今天的党员干部每隔一段时间都要集中学习、不断进修一样，修身不是一朝一夕的事，而是一辈子的功课。社会变化飞快，知识和经验的"折旧"也很快，每天纷至沓来的各种事件和各种各样的利益引诱，都摆在你的面前。你在三十岁的时候修身做得好，不等于你在四十岁、五十岁的时候修身还做得好。修行需要一辈子。佛家讲"戒、定、慧"，三者连为一体。"戒"就是说有很多清规戒律，你需要遵守。比如我们有宪法，有党章党纪，都要遵守，这叫戒；"定"就是要有定力，碰到各种各样的事情时，你能够站在自己的党性和国法的立场上，守住自己的道德底线；"慧"就是要创造性地去理解事物，把这些事情做得更为圆满。这些道理说起来很容易，要实际做到却非易事。

我依然来讲唐太宗这个例子。已经认识到修身一事对自己很重要的人，有时也会在大权独揽的时候，差一点犯了修身上的错误。唐太宗在做了几年皇帝之后，天下太平，盛世来临。这时候突然有个人来报告说，长安城中发现了一个绝世美人，一个十六岁的女孩，是一位姓郑的中层官员的女儿。凡是看到过这个美女的人，都会啧啧称赞，惊为天人。唐太宗的夫人文德皇后听闻后，就让人将这个女孩领来看了看，看后也表示，这个女孩不但漂亮，还很有富贵相。于是就打算把这位郑小姐选为唐太宗的妃子。大臣们都为皇上又找了个美貌的妃子齐声叫好，认为天下最美的女人就应该是皇上的。接下来，宫中就按照选聘妃子的程序，有条不紊地进行着。李世民也满心期待着好事玉成的那一天。就在快要大功告成之时，魏徵前来叩见太宗，一见面便说：陛下，你也有孩子吧？也曾说过要爱民如子之类的话吧？既然你爱老百姓，那老百姓的忧愁和苦乐你都要关心吧？自古以来有作为的君王，都是以百姓之心为自己之心的。魏徵说了这番话之后，唐太宗有点不明所以然。魏徵接着说：我专门去打听过了，那位郑小姐已经有了未婚夫，你作为有着至高无上的权利的皇帝，去抢夺一位普通百姓的未婚妻，难道说这就是以天下百姓之心为自己之心吗？唐太宗李世民听到这里，猛然一愣说：我并不知道还有这么一回事儿。于是他便召来房玄龄、上官无忌等人。这些人可都是帮助他搞改革、创盛世的一帮名臣。唐太宗劈头便问：魏徵说我即将聘娶的妃子，已经有了未婚夫，你们怎么没有调查清楚，就要下面人去办这件事情呢？大臣们愕然说：这个事情，也许他们也不知道，需要再去核实一下。核实的结果是，郑小姐确实还没有未婚夫。这时候，李世民已经对这个绝世美女有所倾心了，便将这个结果告诉了魏徵。同时，魏徵也受到了其他官员的质问：难得皇上这么高兴，你又有何必从中阻拦呢？就在这个关键时候，唐太宗又收到了一位姓陆的年轻人写来的信，信上解释说，他和郑小姐只是因为父辈之间关系甚好，所以两个人是很好的朋友，并没有什么"媒妁之言"。至此，唐太宗和所有大臣对这个结果都很满意，并指责魏徵实在是多管闲事了。魏徵却说道：这个事情还是不能办！敢问皇上，你是否还记得令尊李渊呢，令尊当年就犯过同样的错误。当年，令尊登基之后，在长安街上看到一位美人，便把她召进了宫中，给了她名分。但是后来才知道，她已经有了夫婿，丈夫名叫辛楚建，而且这个辛楚建就是东宫太子府里的老师。这样一来，皇帝当然不能再留辛楚建在宫中任职了，便将他贬谪到了一个县城做县令。辛楚建因为夫人被人夺走，自己的官职也被削了，到了那个小县城后不久，便抑郁而终。其实，那个陆先生肯定是有所顾虑才写来了那样一封信，以免招致灾祸……李世民听了这么一段话后，心有愧疚，感觉很是丢人，就当着各位大臣的面，对魏徵的提醒表示了感谢，并表示，聘礼照样给，不过是用来成全郑小姐和陆先生二人的。然后太宗说了句：这件事就此告一段落，下不为例。

这件事可以告诉我们，正因为李世民能如此修身自律，才能开创出大唐盛世。如果换作另外的皇帝，魏徵肯定会吃不了兜着走的。唐太宗也有幸拥有这么清正贤明、无私无畏的宰相，能锲而不舍地要求皇帝把修身当一辈子的事情来做。当年我看到这个故事之后，也非常感慨。想想其他大臣和皇后，肯定都是站在皇帝的角度去思考的，皇帝平时工作也很繁重，同时，皇后亲自操办这样一件对自己没有丝毫利益的婚事，也显示出了皇后高风亮节的一面。但是，恰恰魏徵又是这么倔强。这件事说明了修身和用权的关系。

严于用权是从政为官的第一要求。所谓太平盛世，一定是有一位好皇帝，手下有一批好官员，从上到下，政治清明，方能称之为"盛世"。所谓用权，就是要处理好老百姓和官员、政府的关系。姜太公当年是周武王手下的"三公"之一。这"三公"就是太师姜太公、太保召公、太宰周公。在《资治通鉴》里，有一段关于中国早期的政治体制的描述，那就是：陛下管三公，三公管百官，百官管万民。帝王身边的官员只有三个人，一个周公管行政，一个召公管司法，一个姜太公管军事。当皇帝的不用天下事处处去操心，只需要管好这三个人。三个人再去管好百官，管好所有的衙门；百官去管好方圆四周的百姓。有一次，周武王询问姜太公关于天下治理和用权的道理，姜太公告诉他说："利天下者取天下，安天下者有天下，爱天下者久天下，仁天下者化天下。"意思就是说，凡是能把更大的幸福和利益给天下百姓的人，他就能做天下的君主；凡是能把太平和安宁的生活给予天下百姓的人，他的江山才能坐得长久；凡是能把自己的真爱之心给予天下百姓的人，全天下的老百姓才会感念他；凡是用仁善之心来处理天下事的人，他必然能教化天下。姜太公没有说明具体应该怎么做，因为古人讲的都是"道"的智慧，讲的是治国和生存的大道理。古人讲宰相怎么当，宰相就是"坐而论道"，协理阴阳，使天下平衡。所以，孔子才说，"朝闻道，夕死可矣"。姜太公的封地在齐国，周公的封地在鲁国，也就是孔子的家乡。齐鲁大地，一是姜太公的封地，一是周王的封地。这两个人都是得"道"的人。召公的封地在燕国，即今天的北京。这三个人，最早提出了严于用权的主张。周国八百年间，其政治体制是非常严厉的。吕不韦《吕氏春秋》里详细梳理了周国创造盛世的治国经验，书中用了一个很典型的例子，解释了姜太公治国的理念：最好的厨师要做出天下的美味，但不是做给自己吃。能做给客人吃的人，才是大厨师；做出美食只给自己吃的人，不算大厨师。做君王的也是这样。给老百姓当君王的人，那才是君王；只会用权给自己谋福利的人，那是暴君。好的君王诛暴而不私，他可以杀人，但不是为了自己，是为了成全更贤明的君子。《吕氏春秋》用厨师做菜的例子解释了安天下、立天下的道理。老子也讲过这个道理：治大国若烹小鲜。因为小鱼非常嫩，火候掌握不好，就容易烤煳。如果你具有那种烹小鲜烹得金黄金黄的功夫，你才能治国。这个功夫是什么呢？就是修身和用权。严于用权首先就是严于以权谋私，权利应该为民所用，一旦有私心，是走不远的。不仅对个人不利，也会让一个部门或一个地区蒙受损失。古代的知识分子讲究以治理天下为重任，以治理天下为自己的理想。可是为了实现这个理想，你得做很多很多道德自律的事情。这方面，古人给我们留下了很多宝贵的经验。管子说："非吾仪，虽利不为；非吾当，虽利不行；非吾道，虽利不取。"意思是说：一个知道怎么给予的人，他就懂得了做官的宝典，那就是，最好的东西是给别人的而不是给自己，这是当官的要点。权、钱、色这些东西都很好，但只要非分占有，就会成为贪官。这样的例子已经有了很多。最好的东西一定是"公器"，是"公器"一定要交给天下，不要留给自己。懂得给予，是做官执政的第一道理。商汤王是古代有名的君王，他在登基时有一个祭天的仪式。古人讲究"天人合一"，认为他的权力是上天赐予的，他会把自己的政治理想告诉上天。我们现在叫祭坛，古人叫"天坛"和"地坛"，地坛象征着大地，天坛代表着上苍。商汤王在祭天的时候说了一句话："朕躬有罪，无以万方；万方有罪，罪在朕躬。"意思就是说：如果我有罪，不会让天下人因为我个人的罪而受到伤害；但是如果发生了地震、洪水等等天灾，那也只能算是我一个人的过错。中国古代贤人很讲究这种礼仪制度。只要出现了天灾，君主就要吃素、禁欲，为天下人祷告七七四十九天，承受天下人的苦难。不是简单地开个追悼会就完事，而是要吃斋、禁欲好多天。这个在古代是有一整套的制度的。商汤王不爱一己之身而爱万民，就是这种制度的体现。

　　如果简单讲用权，而不讲修身，也是不行的。有一个典型的例子出在我们湖北。刘秀是出生在湖北枣阳的东汉时的开国皇帝，他也是刘邦的七世孙。当时王莽无道，天下百姓民不聊生。刘秀领导了当时的七支农民起义军之一，在枣阳春陵，也就是现在的春陵古镇，起兵造反。当时的七支农民起义军中有五支在湖北，春陵起义军是最弱的一支，最终却统一了天下，建立了东汉政权。刘秀做了三件大家都意想不到的事情。毛主席生前就讲过，刘秀是"忠心之君"，是一个非常好的皇帝。一是跟他打天下的那些老将，个个铁马金戈，都是大功臣，他从中选出了二十八位，全部给他们绘了像，后来又加了四个，变成了三十二位。刘秀请他们吃饭，给了他们最好的待遇。但是他告诉他们说，你们和我一起在战场上拼搏了将近十七年，个个劳苦功高，不过现在我却不敢再麻烦你们了。开国和治国是两码事，你们都很会打仗，却不见得懂管理。你们现在主要的工作就是好好休养。结果，和刘秀一起开国的功臣，都没有参与到后来的治国当中。刘秀当时的想的是：天下的江山天下人来坐。为了挑选治国的人，他赶了一辆马车来到濮阳乡下，去延请一位名叫杜蓉的老先生。当时这位老先生正在乡塾授课，对皇帝的到来很是奇怪。刘秀说：听人说，你是饱读诗书之士，所以我特意来请你去帮助我治理国家。因为他的这一个非常之举，各路人才不久就一齐涌向了洛阳。刘秀因此也开创了自己的盛世。这就是善武之人打天下、饱读诗书之人治理天下的例子。刘秀在开国后没有走什么弯路。他首先就是让那些开国功臣们好生休养,没有杀过一个功臣;而延请一位饱读诗书的乡间老先生去帮助他治理国家,也是他开的先例。

他还有一件事情,也让人觉得很不简单。他的妻子叫阴丽华,是和他一起打过江山的"糟糠之妻",跟随着他含辛茹苦许多年。刘秀起义的第一站,也是河北正定。就是我们的习总书记曾经工作过的那个县。他到了正定以后,没有什么人理睬他。刘秀希望能借助河北的势力,筹钱筹粮、扩大自己的武装势力。倒是有一个人看中了他,愿意帮他。那个人在当地很有势力,他要帮助刘秀,但是提出了一个要求,就是要刘秀娶他的女儿为妻。也就是说,如果将来刘秀当了皇帝,就要封他的女儿为皇后。刘秀的结发妻子阴丽华,跟着他在军中吃了很多苦,是真正的糟糠之妻。而那个人的女儿郭小姐,又年轻又漂亮,是一个大家闺秀。刘秀最后做出了痛苦的选择,答应和郭小姐结婚,让自己的老婆阴丽华回老家去。这是让年老的让位,年轻的上位。但刘秀承诺,一定会让阴丽华重新回到他身边。十二年之后,刘秀夺取了天下。这时候,他要求郭小姐让出皇后的位子,他要履行对糟糠之妻的诺言。于是,年轻的让位,年老的又重新上位。不管是阴家,还是郭家,这两家都为刘秀的建国大业付出了巨大的代价,两家都死了不少人。但是这两家没有一个人在那三十二功臣之列,都没有得到什么封赏。所以说,刘秀在严于用权、公正无私方面，做得无可挑剔。我们今天讲述这一千八百多年前的故事，十分钟就可以叙述完毕。但是细想起来，作为当时天底下的"一号人物"，像刘秀这样做，肯定会很难很难的，真正能这样做到的君王，历史上也没有几个人。只有我刚才讲到的汉光武帝刘秀、唐太宗李世民这两个人做到了。

严于用权，还可以防止腐败，防止分裂，减少国家民族蒙受的苦难。最早建立西域丝绸之路的人，是汉武帝；而建立海上丝绸之路的人，是明代的朱棣皇帝。汉昭帝在改革朝政之初，底下的官吏中反对的人很多。每一个官吏都站在自己的利益上考虑问题，汉朝朝廷的改革推行得十分艰难。官吏们能找出一千个理由，去反对改革。然而，整个朝廷的事务都是掌握在这些宦官大户手里。依靠朝廷的力量去推进改革，已经不可行了。于是朝廷做出了一个创举，托孤大臣辅佐的仅八岁的汉昭帝于始元六年（前181）下诏找来许多人，讨论国家改革的问题。其中有三个是朝廷的人：宰相车千秋，御史大夫桑弘羊，大将军霍光（未正式出面）；其他是地方上的十二个人，还有民间的高人五十个，一共六十五个人，聚集在长安，开了七十天的会，来讨论怎么治理国家的问题。最后，这次会议的议题，汇编成了一本有名的史书《盐铁论》。我在前面讲到了，魏徵他们的言论，汇编成了一本《贞观政要》。这两部书都值得好好读一读。这次讨论，促成了当时的国家方针政策的一次大改革和大调整。在汉革期间，朝廷斩了很多徇私舞弊、贪污腐化、阻挠改革的人，丝毫不讲情面。

我今年写了一部话剧《司马迁》，9月16日将在国家大剧院上演。这部话剧写的是司马迁时期的历史，有一些台词就是来源于《盐铁论》。汉武帝最后感觉到，关于接班人的问题非常大，很难做出抉择。最终，他决定传位给他最小的儿子，也是他和自己最宠爱的钩弋夫人生的孩子。当时，他已经杀了皇后，杀了儿子和女儿。只要他觉得对自己的政权有可能造成危害的，不管是奸臣还是亲属，他都一样要除掉。他用权非常严厉，见不得身边有一点腐败和反对的声音，"格杀勿论"。最后他决定把权位传给小儿子。他把霍光找来商量此事。霍光是他比较信任的老臣。当着霍光的面，他把钩弋夫人也"赐死"了，之前一点征兆都没有。钩弋夫人听到他赐死的决定，觉得简直就是一个晴天霹雳，霍光同样也很吃惊。最终，钩弋夫人没有别的选择，只能当着刘彻的面上吊自杀了。夫人死后，他才告诉霍光，他准备立她的儿子为太子。霍光不解地问：向来母以子贵，怎么能杀了她呢？汉武帝解释道：我将不久于人世，主少母壮，要是她也像吕后干政一样，谁能管得住呢？汉武帝在生命的最后时刻杀死了他最心爱的人，目的就是为了天下的长治久安。可见，帝王不是那么好当的。他们有至高无上的权力，但在某些历史危亡的生死关头，拥有权力也是件痛苦的事情。用权的过程中，你的心中是否真正有一颗为天下苍生之心，是否有一份公平和担当，这可是一个不小的考验。

第三点，我想讲讲对于"三实"的体会。

"三实"，即谋事要实，创业要实，做人要实。这三个问题互相关联，前提也是压轴的，做人要实。做人要实，说起来容易，做起来很难。做人不实，也许会尝到甜头；做人实在，却往往尝到苦头。人的本性就是这样：有甜头的事情，大家都会抢着去干；遭受苦头的事情，人人避之唯恐不及。但是，能做大事者，成功者，还是要实实在在做人。过去有这样一副对联：一等人忠臣孝子，两件事读书耕田。我是研习明史的。我发现，贯穿整个明代的价值观的一条主线，就是忠孝二字。所以张居正以非常简洁的语言指出，做人要实的具体要求，就是要做"忠臣孝子"。忠于国家，忠于百姓，忠于事业，这是千古相传的美德。但是要做这样的忠臣孝子，未必都能得到好报。这是一种考验人、历练人的事情。三国时期，关羽是个忠臣。明代的时候诞生的《三国演义》，就是根据明代的价值观写的。它让关公这样一位忠臣走向了大众，走向了民间。在中国民间和官场上，在中国文化传统中，人们还是很欣赏这种忠臣的。但是，忠臣在某一个关键时刻要想表现出忠心，往往是难以抉择的。我给大家讲一个难以抉择的故事。战国时，魏国去攻打中山国，中山国也早就知道，魏国有灭他们的心思。魏国最能打仗的一个人，名叫乐羊。中山国对此人早就有防范之心。在早前订立两国间的友好条约的时候，中山国曾提出来，不要魏国国君的儿子做人质，而要乐羊的儿子去做人质。果然，最后魏国的国君派乐羊率十万大军去攻打中山国。中山国无力抵抗，要乐羊停止进攻，否则就要按照当时的协定，把他的儿子煮汤喝掉。乐羊面对的是两难的境地：一方面是国君的命令，要求吞并中山国；一方面是自己儿子的生死存亡。最终，君令难违，乐羊率兵继续攻打中山国。中山国也就把他的儿子放进锅里煮了，然后抬了一锅汤，送到乐羊的军队前，告诉他说，这是你儿子的肉煮的汤，我们已经吃了一半，剩下的，送给你喝。三军的将士都亲眼看到了这一切。乐羊为了激励士气，一举拿下中山国，就当着众将士的面，仰脖喝下了碗中的肉汤。当然，他们最终也攻下了中山国。对此，魏国的国君非常感动，对身边的一个大臣感慨地说道：中山国攻打下来了，可惜的是，乐羊的儿子就这样被煮成了汤，他竟然还喝了这汤！我该怎样奖赏他呢？大臣回答道：一个连自己亲生儿子的肉汤都敢忍心喝下去的人，天下还有谁的肉汤他不敢喝呢？魏国国君一听，觉得确实是这个道理，心想，将来有一天，他乐羊说不定也敢喝下我的肉煮成的汤呢！结果，乐羊不仅未受到封赏，反而成了一个悲剧人物。当你看到这样的历史故事，你会感到十分揪心。一颗赤诚的忠君之心，因为小人的存在，不得其功反遭其罪。这是中国古代因为小人当道而造成的大悲剧的典型例子。乐羊碰到了这样的小人，就像岳飞碰到了秦桧这样的奸臣一样。如果说，能被选拔为大臣和各级官员的，都是一些坦荡君子，那么，忠臣的日子就会好过些。但这只是人们的一厢情愿。事实上，奸诈的小人无处不在。在这个时候，就要求君子在"明哲保身"这方面，要有很高的修养，要做人很实。那个乐羊将军做事就很实。我们经常讲，一个干部的成长，组织培养是一个方面，小人监督也是一个方面。做人要实，就是不做小人，要做君子和忠臣。如果每个人都这么想，这个国家的风气就会清正许多。唐太宗时的朝廷里，几乎没有小人立足的空间。一定是政治上出了漏洞或者制度上出了缺陷了，小人们才有生存和得志的机会。做人要实，就是要把小人当道的风气改正过来。

再来说说谋事要实。古人有一个说法里带一点清流作风：立功、立德、立言。这是把立功放在最低的层次上了。说实话，我们今天所谓的"政绩"，就是立功。让地方的区域经济和文化有所发展，也是立功。古人把立言、立德看得很高，把立功看得很低，这是我们传统文化中的一个缺陷。今天，习总书记提出这个问题来，是对传统文化反思之后的一种推进。他提出，谋事要实，创业要实，是把立功提到了一个较高的层次。立功就是"为人民服务"。古代的官员中"清流"很多。我在《张居正》这部书里提炼出来三点：张居正是慎用清流，重用循吏。后来邓小平所说的"不管黑猫白猫，逮到老鼠就是好猫"，强调的也是要先把事情做成。张居正上任的时候，曾有一番豪言壮语。昨天，正好是张居正的生日，昨天刚好是他四百九十岁诞辰，农历五月初三，他生在江陵。昨天我在江陵，参加了他的诞辰纪念会。我在会上讲到了张居正改革对当下的意义。张居正正是一个谋事和创业都很实的人。张居正在那么高的位置上，选用什么样的人来谋事，选用什么样的人来治国，才能让创业得到保障，是十分关键的。古人说，立言的人是圣人，立德的人是贤人，立功的人是循吏。这些都是对社会有用的人。只是把立功的人的层次放在最低的位置上。一方面放得很低，一方面又把治国平天下作为最高的理想，这是我们古代的价值观中的悖论之处。张居正有一个著名的故事。按照今天的话讲，好比今天的副省级以上的官员，每个人可向朝廷推荐三个人才，结果，全国推荐的表汇总到吏部，得票第一的人是海瑞。但是张居正一直不表态，到底用不用海瑞。最后，礼部尚书就跟他说，海瑞的事情到底怎么办？张居正就说了一段话：当年嘉靖皇帝驾崩的时候，海瑞还在牢里面，是我提议当时的首辅，把他从牢里放了出来。这个人打击贩盐制假，有本事，正气清廉。后来就把他派到了"鱼米之乡"的江南当巡抚。当时全国有六个府是"膏腴之地"，是最富饶的地方，也是国家赋税的重镇。结果，三年下来，江南的赋税减半，一些富人全都逃离本地。同一个班子里的人，要么申请调离了，要么辞官回家了。有些人宁可辞官还乡，也不愿意留在海瑞身边。你说，这样的人怎么用呢？由于赋税减少，为了完成朝廷的赋税任务，海瑞就把富豪们抓起来，每人索要十万两，毫无规矩可言。最后，逼得那里的富豪们全都逃离了。海瑞当官，不肯去抓生产，也不去研究经济问题。张居正认为：他名义上是为人清廉，但清廉只是当官的人应该具有的素养，而不是一个多么高的指标。较高的指标是要为官一任、造福一方，上让朝廷放心，下为百姓造福，这才是好官。自己天天喝菜汤，本地的老百姓都离开了自己的家乡，还能说你是个好官吗？这样的人不能重用。于是，张居正最终成全了海瑞，让他当了一个清闲的官。当时张居正正在推动全面的改革，需要的是能推动历史前进的人，而海瑞不是"循吏"，只是"清流"。张居正欣赏的是敢于谋事，有创业激情的人。那些畏首畏尾，没有等到政策下来就不敢行事，没有等到机遇或者对自己的乌纱帽有危害的事情，都不去做，这种人一点儿担当勇气都没有，留着干什么呢。所以，张居正重用的那些官员，大多至今看来仍然是那个时代的精英。现在财经大学会计课里还在讲《万历会计录》，这是他的财务大臣、户部尚书王国光写的；现在的三峡工程使用的"通沙法"，是张居正时期的工部尚书发明的。当时很多大臣都是各个部门的专家，都是非常有智慧的人才。没有选对人，谋事就不行。选的人没有开拓精神也不行。现在讲大众创业、万众创新，就是要有胆量，有工作激情。风平浪静，一点责任都不担，那是不可能去创新的。在这方面，"清流"差得很多，"循吏"则会想方设法去把当地的经济和老百姓的利益，把执政党的要求，结合到一起，去开拓新局面。今天，有一些具体的小事情，如管理农田之类，是一般人都能干的。作为大人物，就要去考虑理论创新、制度创新等大问题。不然，大水冲一次，冲两次，农田就会越来越少。利用新方法去管理农田，就是创新，会更接地气，更受老百姓欢迎。古人讲过，"凡有理而无益于治者,君子不言"。意思是说:你有很多道理,但是对老百姓的治理没有任何的好处,就不要去瞎指挥了。又说,"有能而无益于事者,君子不为"。意思是说:有一些做法可能会有很好的"政绩",但是也会有负面的引导作用,决不能去做。古人认为,君子要做的细枝末节的事,不外乎农、商、水、军等,没有什么大的事情;清流们对此大多不去重视,每天只知道风花雪月。这种风气被古人称之为"卑政"。能把烦琐的事情做好的人,不以好高骛远、玄妙难行为贵,说的也是这个道理。张居正晚年的时候,总结他的治国经验说,古人讲"治大国若烹小鲜",我的体会就是两个字,我一辈子也是这样做的:"耐烦"。当官员面对的事,可能都是很麻烦的事,你要做到耐烦地面对事情,而不是推给他人。这就是谋事要实。当官就是要去做麻烦的事情。能把烦琐的事情处理好,口碑自然就好。这方面古人已经为我们留下了很多的故事和经验。

　　为什么习总书记把严于修身摆在"三严三实"第一位,把做人要实摆在最后呢?我的理解是:两相呼应,就是要求我们所有为国家服务的公务员,要始于修身,也终于修身,自始至终,贯穿着"修养"二字。如何修身,如何做事,古人的经验非常多,"吾三省其身","周公吐哺,天下归心",都是在说要有忧患意识,要讲究修身。明代的时候,有一个人讲的是"修心",要让自己的内心安静下来、干净起来。他是怎么做的呢?他在自己面前放上两个空碗。还有两个碗里分别装着黑豆和黄豆。他没事就闭着眼睛坐在那里冥想。人一旦闭上眼睛，思维就会非常敏感。想到某个人的孩子还在念书，我得帮帮他，善念就来了。不同的念头出现之后，有好的也有坏的。他就往两边放豆子。一般的人，修行的第一个阶段，放的黑豆都满了，黄豆没有几颗。修行很长时间后，克服了私心杂念后，黄豆才会多起来。古人很讲究这样的修行。现在有很多人，身体发胖了，就搞什么剔骨、排毒什么的；天气很坏，就大声呼叫雾霾要治理啊。其实，最好的排毒，是排除自己的"心毒"；最好的环保，就是排除自己心灵里的雾霾。"三严三实"就是排除"心毒"，就是祛除"心中的雾霾"。这个看起来简单，实际做起来，落实到生活中的每一件小事上去，还真不是容易的事情。你的心中是黄豆多，还是黑豆多，试一试就会知道了。我今天就讲到这里了。谢谢大家！不当之处，还请大家多指教。

2015年6月22日
在"湖北干部讲堂"的演讲

自然之美涵养我们的心灵

老百姓有一句谚语,叫"身在福中不知福"。老辈儿也经常用这句话来教育晚辈。但是,"我们的幸福在哪里?"这样一个话题却一直在困扰着我们。我六岁的时候,外祖父教我诗词、对对子,他出"青山",我对"绿水",十岁的时候,他带我到县城外的乡下走亲戚,那是一个阳春三月,山野上开满了各种野花,乡下的春光太美,他让我写一首五绝,我脱口便说"花如初嫁女,树似有情郎",外祖父大加赞赏。其实,我对初嫁女的美似懂非懂,只是跟着大人参加街坊的婚礼,看过几次新娘子而已,但我将这美好的新娘子的容颜记忆用来形容春天的花,用有情郎来比喻春天的繁茂的树,这既是出于天真,也是出于对自然的钟爱。爱美是人的天性,而自然中存在的生机之美、灵性之美、和谐之美,应该是美的极致。自然之美，古人称之为天籁。一个人如果每天都能品享自然的天籁，那么他就应该是生在福中的人了。南宋词人辛弃疾写过一首词，其中有这样两句"我见青山多妩媚，料青山见我应如是"，这是人与自然的相亲相爱。可以说，我的童年与少年，便是在这种人与自然的相亲相爱中成长。

我的故乡是大别山中一座小小的县城，在我出生的时候，全县人口不到二十万，而县城的人口不足一万。这座小县城之美，宛如皖南西递村、宏村等古老村落。首先，它有着一面靠山，三面环水的绝佳风水，有环城的石砌的城墙，有东南西北四座城门，还有四座便门，城内也有东西南北四条正街、四条侧街。街道上铺满了鹅卵石，房子全部是砖木建筑。最高大的建筑是城内的文庙和城外的宝塔，以及东南西北四座城楼。住在这样的小县城里，跟着一位蓄着白胡子，用毛笔开药方的老中医、我的外祖父学习书法与旧体诗词，我的童年真的可以说是生活在童话里。

前天的秋天，我到了瑞典一个名叫西格图拉的小镇，在那里度过了一个下午。这个有着几百年历史的古镇，让我度过了非常惬意的浮生半日之闲。离开小镇，我写了一首诗记录我的感受：

西格图拉
有一个大的神秘
藏在你九月的

灿烂且又温婉的阳光里

梅兰伦湖中的野鸭子
成群地爬上岸来
找到千年前维京人的石雕
慵懒地蹲在了一起

那些参差的小木屋，那些塔楼
那些篱花，那些铺着鸟声的草地
就这么随随便便的
组成了一个天堂的样子

坐过一代又一代人的咖啡屋
浓浓的香味还在弥漫
那一扇扇虚掩着的铁皮门
似乎总在等待一次浪漫的相遇

蛇与十字架，维京人将它们
巧妙地组成了图腾
海盗与诗人，像两只飞鸟
在大地上投下岁月的影子

西格图拉啊，你是古老的
但你的古老不在于那些建筑
那些被夕阳涂红的白发
而在于小巷里那些不期而遇的微笑

西格图拉啊，你是宁静的
我相信，只要玛丽教堂的钟声敲响
那些心灵的污垢
就会像败叶一样簌簌坠落

西格图拉啊，你不是我的故乡
我是在东方水墨中旅行的游子
但是在今天，你给了我新的乡愁
明日归去，我会有新的相思

  西格图拉让我难忘，在那里的小巷里散步的时候，我不止一次想起故乡。所以我说，西格图拉给了我新的乡愁。深受中国传统文化浸润的我，更喜欢东方水墨中的山水、花鸟、村庄与城廓。我对故乡县城最美好的记忆不是秋天，而是烟花三月的仲春，我喜欢春天缠绵的雨。黎明的时候，雨淅淅沥沥地下着，一层乳白色的雾气匍匐在苍黑色的瓦脊上，屋顶上的烟筒升起缕缕炊烟，街上行人稀少，上学的孩子们穿着木屐，踩在鹅卵石的街面上散发出清脆的响声，偶尔也会传来叫卖兰草花的小姑娘甜甜的嗓音。这情景，让我想起陆游的诗句"小楼一夜听春雨，深巷明朝卖杏花"。

这样的季节，这样的雨巷，这样的画面，这样的人物，就是今天我们非常向往的生态，就是我们挥之不去的乡愁。通过唐诗宋词，我们可以品味中国大地山河、井灶人家的古典之美。不仅仅是丰年与太平岁月，即便是战乱，也能让人感受到自然之美没有遭到破坏，如"感时花溅泪，恨别鸟惊心"，"朝登剑阁云随马，夜渡巴江雨洗兵"等等。我一直在想，我的故乡小镇如果不被破坏，就是一个五星级的度假区了。回想这几十年来，我们为了追逐财富、追求GDP的膨胀，自觉不自觉地都当过扼杀天籁、破坏生态的罪人。现在，当生态灾难已变成重大的社会问题与生存危机的时候，我们才警觉起来，才开始反思我们的发展道路。

有人说，从农耕文明向工业文明过渡的阶段，生态的破坏是无法回避的问题。从过往的经验来看，这个诊断有一定道理，但若深究，这个诊断还是有问题的。中国有"前车之鉴""前事不忘，后事之师"这样的习语，我们是发展中国家，完全可以总结和汲取已经走过工业化发展道路那些国家的经验及其教训，让我们少走弯路，少吃苦头。

苦果既已酿成，我们就要正视现实，解决问题，世上没有后悔药。我们虽然无法改变过去，但我们却可以创造未来。在十二届人大会议上，总理说"文化是我们共同的精神家园"，那么也可以说"生态中国是我们共同的故乡"。在中国的风水书中，有这样一句话"山厚地厚人忠厚，山劣水浅人轻浮"。这句话明白地告诉人们一个道理，好的山水是可以涵养人们心灵的，让我们变得善良、忠厚。如果山无青绿，水无漂碧，则人心也会变得险恶、轻浮。这里揭示的，就是中国先哲们创立的"天人合一"的世界观、价值观。我相信这样的观点是积极的、健康的，是人与自然互相影响互相尊重的和谐选择。如果我们每一个人的故乡都重新回到童话世界，回到"春城无处不飞花"的美丽景象中，我们就可以自豪地说：优雅的生态又开始涵养我们的心灵，无尽的诗意又回到我们的生活中。

2016年10月12日
在第三届"湖北生态文化论坛"的演讲

我对旅游的认识

一

我是一个喜欢旅游的人。在21世纪的第一个十年里，我写了大量游记文章，有一两百篇，出版了好几本游记散文集。其中的精华部分，编辑成了一本《文明的远歌》。这本书2011年出版，仅前四个月内就发行了三十多万册。这本书的编辑告诉我说，这个发行量创造了当年散文的"销售奇迹"。2009年的全国高考，我的两篇游记分别被选入高考语文试卷的赏析题。一篇是《烟花三月下扬州》，曾在《人民日报》发表，选入了湖北省的语文试卷赏析题，分值十八分；另一篇游记是《饮一口汨罗江》，曾在《光明日报》发表，选入了江西省的语文试卷赏析题，分值二十一分。也就是说，如果之前不曾读过这两篇游记，也许你的语文考试分数会少很多。这样一来，我的游记作品开始引起当代的中学生和大学生的关注，这也是我的游记散文集畅销的原因之一吧。记得有一年我在合肥举办讲座，以中学生为主的听众朋友听说可以和我见面，报名听讲座的人很多，场地一再更换，最后干脆移到能容纳三万多人的体育场里。当时我进去一看，里面坐满了学生，人手一本我的书。这种只有在歌星和影星身上发生的事情，竟然发生在一位作家身上。我想，这种效果如果发生在旅游推广上，也会很好。后来，有的地方政府领导看出了"门道"，就邀请我去为当地的名胜景点写游记，我也曾根据自己的阅历与嗜好写过几篇，效果都还不错。我应长沙市的邀请，写了一篇《长沙百里茶廊赋》，还有一篇《一杯香茶敬亲人》，都发表在《人民日报》。后来，长沙的导游每次给外地游客介绍百里茶廊，大都采用我那篇散文的段落和我写的诗句。这件事情让我感到了文学和当今的旅游可以结合得这样紧密。

我虽然喜欢旅游，但是在青少年时代，限于种种条件，除了1966年，我从家乡大别山中的英山县步行串联到了北京这仅有的一次远足，别的地方几乎没有去过。在我四十岁之前，我没有出过远门，更没有过出国，那时候游历名山大川的机会并不多。当时为了写作，为了追求自己所谓的"文学事业"，我放弃了很多旅游的机缘。

但是，我心中一直是喜欢阅历名山大川的。20世纪80年代里，我二十多岁的时候，在《长江文艺》杂志社工作，写了一篇《自然的恋情》，其中写道："作为一个城里人，从汽车的夹缝里钻出来，回到大自然中去，作三五天的山光水色之游，乃是惬意不过的事了。"这段文字，时至今日我依然不觉得过时。那时候的武汉，就像是一个大县城，城区是一块一块的，街道与街道之间还夹隔着农田。相比今天，车辆并不是很多的，但在当时我就感觉到，汽车和城市是共生的。在这样的环境下，生活被碎片化了，陌生的道路分割了我们对田野的认知。记得当年，我从小县城来到武汉还不到两年时间，就有了这样真切的被生活束缚的感受。虽然当时汽车还没有普及，城市实际上是扩大了的乡村和小城镇，而武汉就是由一个一个的小城镇连缀起来的。

进入城市之初，我就产生了乡愁。我感到，山水的恬静之美远胜过嘈杂的城市。明代文人写的一部散文集《西青散记》中有一段记述：

> 弄月仙郎意不自得，独行山梁，采花嚼之……童子刈刍，翕然投镰而笑曰："吾家蔷薇开矣，盍往观乎？"随之，至其家，老妇方据盆浴鸡卵，婴儿裸背，伏地观之。庭无杂花，止蔷薇一架，风吹花片堕阶上。鸡雏数枚争啄之，啾啾然。

当时读到这一段，我不禁感叹，如此农家之乐、恬静之美，实乃出神入化、妙想天开！最天然的东西，往往是最美的。我很喜欢这段文字。古人的出游，实际上是为了寻找心灵的安静，从恬淡的、常见的生活中，发现了不可多得的诗意。其实，旅游最初的形成，就是从城里人想着如何逃脱喧嚣的市井生活、回归大自然开始的。旅游一开始并不是什么"产业"，而是一些人通过这种方式，让自己的心灵得到解脱和寻找可以安放的地方。

19世纪的美国散文家戴维·梭罗写了一部散文名著《瓦尔登湖》，记述他只身离开烦嚣的城市，来到人迹罕至的瓦尔登湖边隐居的种种感受。其中有一段是这样写的：

太阳、风雨、夏天、冬天——大自然的不可描写的纯洁和恩惠，他们永远提供这么多的康健、这么多的欢乐！对我们人类这样地同情，如果有人为了正当的原因悲痛，那大自然也会受到感动，太阳黯淡了，风像活人一样悲叹，云端里落下了泪雨，树木到仲夏脱下叶子，披上丧服。难道我不该与土地息息相通吗？我自己不也是一部分绿叶与青菜的泥土吗？

戴维·梭罗对大自然的恋情那么的纯洁、典雅、通俗、高贵。这种境界实在应该成为我们为城里的旅游者打造景区的"美学原则"。

20世纪90年代初期,我住在武汉东湖梨园。现在,我的家还在那里,只是周围的房子变了、环境变了,变得和之前完全不一样了。当年我住在那里,一到晚上就没有多少灯火了,仅有两三盏昏暗的路灯,非常的安静,仿佛常有鬼魅出没。每天早晨,我都在附近散步。我用文字仔细地记录了十几种鸟的形态和鸣叫声的差异,它们每年来的那一天和它们离开的那一天,日期不会超过一两天。我还记录了山樱花每年开花的时间,也不会超过一两天。我还发现,树枝上向阳面和背阴面的嫩芽长出的时间正好相差七天……所有这些观察和发现,让我恍然大悟:原来大自然是如此的遵守着自己变换的节奏,是如此的"守时"!那个时候,我就像戴维·梭罗一样,细细观察着大自然每一点微妙的变化以及它给人间带来的美好。

在此之前,我听说鄂旅投集团要在仙桃排湖打造一个风景区,听到这个消息时,我满脑子里都是戴维·梭罗的瓦尔登湖。我到排湖去看了两三次,反复思考过应该打造一个什么样的让人流连忘返的、又仿佛没有被刻意打造过的景区。

最早的旅游者,都是把自己的人生经历和感情融入进去的。正如苏东坡到黄州后畅游长江写下《前赤壁赋》和《后赤壁赋》;在苏东坡之前,还有中晚唐的诗人杜牧被贬黄州,他途经麻城时,写下了《清明》这首脍炙人口的好诗。这与今天的一些旅游者纯粹是为了看热闹和猎奇完全不同。所以说，最早能够外出旅游的人，他们的动机是纯粹的。喜欢旅游的诗人们为旅游文学添加了亮丽的人文色彩。

有一年，就是因为杜牧那首诗歌的缘故，我特意选择在清明节的时候，来到了麻城的歧亭镇杏花村。当地人栽种了很多杏花，想通过按图索骥的方式对推广旅游做一些文章，还原往昔"杏花村"的胜景。但是最终还是让你感到，实际上离杜牧笔下描写的景象还是差很多。差什么呢？我觉得主要是差在"灵魂"上，就是说，仿制品和本来的经典产品之间，是存在着相当的距离和差别的。

二

旅游这个词汇产生的时代背景，我想应该是在城市产生之后。当许多人离开了自己的故土，住进了城市，他们便会怀念故乡、怀念泥土的芬芳与山水间四季变换的风景。

专门研究中国文化和科学技术的西方学者英国人李约瑟博士在一篇文章中写道：

> 中国的文化含有一种显著的农民的（或者自耕农的）精神气质。正如在罗马时代，那些元老院议员或执政官都怀有一种眷念乡土的感情。要回到自己的出生之地，回到自己的

乡村，回到祖先们耕种过的田亩。中国人正是怀有这样一种感情，甚至可以说是美学上的追求。

故土眷恋，应该是人类的基本感情之一，也是后来的旅游产生的直接原因。因为无论是在靠采集或者狩猎为生的旧石器时代，还是由刀耕火种开启的新石器时代，人类都是依靠大地来生存的。所谓的乡愁，就是出于对土地的眷恋与向往。随着时代的变迁，更多的人离开了土地，离开了家乡，但最初的眷念土地的情愫依然深深地植根于人们的心灵。回到儿时的土地，或者去往遥远的地方寻找自己渴望的伊甸园和桃花源，寻找一种"前世回忆"似的居所，这应该就是旅游最初的理由。李约瑟先生把热爱自然看作是农民的精神气质，我以为有欠妥当。人们眷念故乡，是想亲近童年留下深刻印象的人文环境。热爱自然的人，对乡土之外的自然同样存在着一份赤诚的爱心，自然也热爱着他们。有人说，今天的互联网时代，人们的精神状态完全不同了，还有人说，90后的孩子们的感情也彻底改变了。其实，改变的只是表现方式，内核并没有改变，爱恨情仇、生老病死、春夏秋冬……这些人类生命中基本的感情都没有改变。唯一改变的，是他们热爱的方式、憎恨的方式。

西方18世纪的清教徒，经历过一场大革命。很多清教徒逃离到了北美洲，才有了现在的美国。这些清教徒就认为，人可以通过理解自然来理解上帝。当我旅游到了某一个地方，找到了我的童话，找到了我所热爱的生活的一部分。那个你热爱的东西，就是你生命中的上帝，因为上帝就显现在自然界的杰作之中。

我记得传记电影《瞿秋白》中有这样一个场景：他在福建漳州长汀被执行枪决前，看着背后的山坳，淡淡说道："此地甚好。"行刑的士兵让他蒙上眼睛，他拒绝了；让他背对着枪口，他也拒绝了。他要面对着枪口、背枕着青山离开这个世界。这该是怎样的一种娴雅与超然，一种与大地同在的情怀！

中国古人对于美妙的、心仪的地方，常用"天造地设""鬼斧神工"等词语来形容这些自然界的杰作。现在的旅游，已经从被动旅游转向主动旅游。被动地圈住一片自然风景或者打造一个景区来收取门票的现象，已有很大的改变。但是，我还是觉得，今天的许多景区里，人为的痕迹还是比较严重，失败的例子也比比皆是。我说的"人为"是指那些人造的山水，而非智能风景，这两者不是一回事。

今年8月，我到了日本，看到那里的许多的山水田园，深刻地感受到了那些景点在设计上的独具匠心。看过那些庭院里的小桥流水，那些真正回归自然的美学追求，会让人想到我国的一些庭院、别墅的设计，距离古人的美学追求还有很大的差距。虽然大家并没有亲眼见过唐代人住的是什么别墅，但是通过王维隐居的辋川别墅，通过他写下的那些美丽诗篇，比如《酬张少府》中的"松风吹解带，山月照弹琴"，《山居秋暝》中的"明月松间照，清泉石上流"，不难想象他所乐享的动静相宜的和谐境界。

我经常讲，搞旅游景点创意规划和设计的人，首先要读一下王维的诗，多看几遍陶渊明的《桃花源记》。陶渊明笔下的"桃花源"，是文人笔下的一种理想范式，这种范式直到今天也为世人所羡慕、所向往和追求，就连毛主席都在诗里说过："陶令不知何处去，桃花源里可耕田？"桃花源已经成为神仙眷侣的生活之地，成为后世的理想归宿地，只可惜这是陶渊明臆造出来的。但是我们应该承认，这是一个多么美好、智慧和高超的"文化创意"！今天的人们在进行景区设计时，如果能再出一个陶渊明，再写出一篇《桃花源记》，打造我们这个时代的桃花源，那该有多好。只可惜这样的大师还是太少。

我经常看到一些所谓的经典设计，从技术层面可以说无懈可击，但是从智慧与人文情怀的创意上讲，就乏善可陈。这样就造成了全国范围内的一些雷同，无论南北各地，还是不同的地域与文化背景，结果都是大同小异，看不到令人耳目一新的景区。

三

自唐代以后，随着城市化进程加快，旅游已经蔚然成风，尤其成了文人墨客、达官贵人们的一种生活方式，当然也就有了李白的"一生好做名山游"的行走壮举。

李白一生到过的名山大川真是太多太多，因此他也写出了一大批流传千古的记游诗文。古代的旅游大多是徒步行走的，李白从成都要翻过茫茫秦岭才能到达长安，因此才写出了响彻千古的《蜀道难》。当年诸葛亮要把汉中作为北伐的据点，想要翻越秦岭打到关中平原，也铩羽而归，很大一部分原因就是此行道路艰险。但是，越是道路不通的地方，越是有绝好的风景。也只有那些从骨子里向往自然、迷恋自然、钟爱山水的人，才有毅力看得到绝妙的风景。

　　旅游使人开阔了眼界，人会变得心胸开阔，更具智慧和力量。一个人生活的半径有多大，往往决定了他境界的高低。天底下很多东西都通过旅游变成了人们的经验和知识，人的品格从中得以提升和拓展。只有胸怀天下，方能够"登山则情满于山，观海则意溢于海"。采过天山的雪莲，寻过南海的巨鲸，这才是真正的行者的体验。正是因为有了旅游，也产生了一大批优秀的文学艺术作品，比如电影《罗马假日》。今年我到罗马，看到西班牙广场上那个艺术大台阶上人山人海，大家都排队等着在美丽的安妮公主坐过的那个拍摄点上拍照留念。中国20世纪80年代里的一部电影《庐山恋》，也是如此。这部电影既是一部爱情故事片，同时也是一部标准的庐山风光片。唐代诗人白居易在《琵琶行》里写下了"浔阳江头夜送客，枫叶荻花秋瑟瑟""同是天涯沦落人，相逢何必曾相识"这样的诗句。我年轻时经过九江时，马上就联想到，为什么"浔阳"这么有诗意的名字不用，要用九江呢？浔阳与庐山，都是中国历史中久负盛名的人文标识。

近几年来，旅游文学有了长足的发展，其推动者是各地的政府以及旅游公司，他们为了推介自己的自然景观和人文古迹，往往请来作家、导演来创作电影和电视剧。这类影视作品中，比较成功的有《乔家大院》。《乔家大院》电视剧播出后，这个地方的知名度迅速提升，前来乔家大院的游客几乎挤破门槛，当地旅游收入也随之暴增。在《乔家大院》之后较为成功的有《木府风云》。通过影视剧等方式，来达到宣传推广旅游，是一种主观的行为。《罗马假日》《庐山恋》《廊桥遗梦》《死在威尼斯》，还有更多的一些以东欧的那些美丽的城市如布拉格、布加勒斯特为背景的文艺电影，则是因为旅游产生的文学艺术作品，其中也不乏精品。

在当下的中国，旅游已日渐成为国人的一种生活方式，国内的旅游景点人满为患，国外的那些著名旅游胜地，也可以看到成群结队的中国游客。据我来看，真正的有目的性的旅游，是从唐代开始的。唐代旅游的主要人群是文人骚客、达官显贵，旅游是他们区别于大众的一种生活方式。"走马上任"讲的就是古代官员接到任命后赴任的过程，也就是一路观赏风景、一路吟风弄月的过程，很是逍遥。文人的旅游有所不同，更多的是专程寻找某个目的地。李白对扬州充满向往，写下了《黄鹤楼送孟浩然之广陵》。扬州是江南第一繁华之地，民间有个说法"腰缠十万贯，骑鹤上扬州"，唐代的徐凝写下了"天下三分明月夜，二分无赖是扬州"；清朝的郑板桥写下"千家养女先教曲,十里栽花算种田"。可以说,当时的扬州是城市旅游的典范,至今扬州也是"风流天下闻"。李白的《上安州裴长史书》记载:

> 昔与蜀中友人吴指南同游于楚,指南死于洞庭之上,白禫服恸哭若丧天伦。炎月伏尸,泣尽而继之以血。行路闻者,悉皆伤心。猛虎前临,坚守不动。遂权殡于湖侧,便之金陵。数年来观,筋肉尚在,白雪泣持刃,躬申洗削,裹骨徒步,负之而趋,寝兴携持,无辍身手,遂丐贷营葬于鄂城之东。

这段文字,一方面写出了李白对朋友的深厚情谊,另一方面也证明了李白对旅游的热爱。

到了明代,中国出现了第二次旅游高峰,也是打造景点的高峰。在湖北,人们之所以能考证出随州就是炎帝故里,是因为在随州历山上有一块明代石碑,上面有"炎帝神农氏遗址,蜀长寿阳存愚敬立,大明万历丁丑年谷旦月"这样的记载。

为什么到了明代中期,会开始打造景点、并且还对景点立碑镌文作为纪念呢?这是因为在明代,中国的交通有了一次飞跃。一是运河全面通航,二是官道、驿站等逐步发达便利起来。没有交通上跨时代的突破,真正的旅游就无法实现。所以到了明代,旅游群体增加了商人这一新兴力量。晋商、闽商、徽商、蜀商等等,明代的商人走遍天下，旅游人口也大大增加。由于大规模旅游的兴起，研究旅游的文章也多了起来。明朝末年，绍兴文人王思任在《纪游》中写道：

> 予尝谓官游不韵、士游不服、富游不都、穷游不泽、老游不前、稚游不解、哄游不思、孤游不语、托游不荣、便游不敬、忙游不慊、套游不情、挂游不乐、势游不甘、买游不远、赊游不偿、燥游不别、趁游不我、帮游不目、苦游不继、肤游不赏、限游不逍、浪游不律。而予之所谓游，则酌衷于数者之间，避所忌而趋所吉，释其回而增其美。游道如海，庶几乎蠡测之矣。

这位王先生一口气举出了二十多种不可取的旅游方法，若放在今天，估计他是出不了门的。由此也可见，当时的士大夫对旅游品质的追求是很高的。

当代的旅游投资商很不简单，把王思任在文中所列的问题解决了不少，例如：在高尔夫球场边配套儿童乐园，就是解决"稚游不解"。景点功能的复合型，解决了很多旅游中的问题。

唐代开始了第一次城市化。宋朝的城市化是第二次。明代的第三次城市化浪潮，更具有现代的意义。因为明代的城市化伴随着国人旅游意识的觉醒，一些旅游景点应运而生。唐代虽然已经形成了旅游的风气，但还没有修建景点。陈子昂诗中写到了"念天地之悠悠，独怆然而涕下"，他当时所处之地，是一个没有任何旅游设施的山野，今天那些地方都成了旅游景点。为什么古代的诗人所到之处，今天会变成旅游景点呢？这是因为，这些诗人其实就是最早的旅游者。因为第一批旅游者有这样的高素质，给所到之地留下了脍炙人口的传世诗文，因此也给后世留下了丰厚的旅游资源。

四

六七年前，我和友人游览四川的八节洞。那里的山水很美，可是从成都下高速还需要三四个小时的颠簸车程。后来我写了一篇《八节洞记》，在其中发了一通感慨："近年来，航空线路、高速铁路与高速公路三大利器的发展，为喜欢旅游的人们提供了极大的便利。由此，一些遁隐于僻野的山水景点被发现、被建设，成了游客的新宠。'养在深宫人未识'的自然佳丽越来越少了。但是，水木清华、清新散逸的八节洞，还保留了一点给人以尘外遐思的萧旷。"

我在前面已经讲过，旅游的产生是因为人们有抚慰乡愁、回归自然的心灵需求。当今的旅游已进入精细的分众时代。旅游已经逐步成为一种自娱自乐的生活常态，因此也渐渐形成了一个庞大的旅游文化产业。

在古代，旅游是少数人的行为；在当下，不旅游才是少数人的行为。我个人认为，当下的旅游或者说是旅游文化，有这样几个特点：

第一，旅游从小众时代进入大众时代，又从大众时代迈入分众时代。分众是指各种不同类型旅游人群而形成的个性化的旅游专项，如自驾游、自助游、探险、漂流、航海、猎奇、攀岩、访古等等。鄂旅投旗下的悦兮半岛、浠水汽车露营地、荆州关公义园、黄石东方山、黄梅五祖寺、恩施大峡谷等等，这些都是分众的表现。自然就在那里，你具有什么样的眼光，它就会变成什么样子？有的人可以点石成金，有的本是"天生佳丽"，却也有可能被弄得"俗不可耐"。

第二，旅游与体育、文化（游学）、禅修、养生健康等各方面日趋结合。今天的旅游已成为一种"大旅游"时代，它涵盖的产业和社会面越来越广。例如：主题公园类型的旅游景区，有深圳的锦绣中华、美国的迪士尼、夏威夷的侏罗纪公园等等。到了分众时代，有山东南山的高尔夫公园，有无锡的灵山大佛主题公园，有河南开封的清明上河图主题公园。这些都是"大旅游"概念下的旅游景点与旅游配套的叠加产物。我曾经在塞尔维亚遇到一位诗人朋友，他向我讲述了在斯里兰卡禅修的故事。我就联想到，鄂旅投公司近年来在宗教文化旅游方面花了很大气力，也打造了很多有特色的旅游产品，但是放到世界范围来看，还有很多可以继续思考和探索的地方。在旅游项目开发时，很多时候一些条条框框会锁住我们的创新和创意。特别是"大旅游"概念下的叠加重合，需要丰富的知识结构和独特的眼光，"大境界、高起点"才能形成"大旅游"。

第三，旅游已进入买方市场。人们开始进入"享受旅游"的时代。也就是说，不是你喜欢什么就给游客看什么，而是游客喜欢看什么就会去搜索什么。如果旅游投资商提供的产品不对路，或者品质不高，游客看了第一次就不会看第二次。旅游业的竞争，说到底还是文化上的竞争，是人文情怀的竞争，是创新的竞争。景区在建成之前，创新是第一生产力；景区建成之后，服务是第一生产力。

第四，大数据时代对旅游产业的生存和发展提出极大的挑战。我们每到一个景点之前，都会在网上搜索，做很多"攻略"和各种文化背景上的功课，哪些景点值得去，哪些景点不值得去。大家在网上互相评论，对景点其实是很残酷的。在资讯不发达的时代，旅游是卖方市场；在资讯发达的时代，旅游已然变成了买方市场。

第五，景区不可能一劳永逸。景区服务、景区景点的改造应该永远都有升级版。创新不是一时，而是贯穿一个企业的始终。

五

我曾经写过一本书，书名叫作《历史的驴友》。我的旅行贯穿着我的后半生。每年，我大约有三分之一或者更多的时间是在路上。今年一年的时间里，我1月份在海南，春节在香港和深圳，4月份在云南，5月份在泰国清迈，6月份在大连，7月份在欧洲，8月份在美国和日本，9月份在新疆，10月份在山西。对比在新疆和在山西的游历感受，我发现，在新疆很多的景区景点和历史遗迹鲜有人了解来龙去脉，而在山西遇到的导游则是口若悬河、滔滔不绝地讲解该景区的人文历史，让游客由陌生到熟悉。因此，导游的素质也会影响游客对旅游地的认同感和接受度。

  前几年，我接受了一些邀请，为一些城市的政府部门和旅游开发机构做了一些旅游的创意和策划。在古建筑和历史方面，山西做得确实比较好。在山水方面，四川和江浙做得比较好。所有的创意，最终归结为复旧与创新。复旧一定有根据，创新一定有依据。我走过很多地方，对各地的人文历史和旅游特色大致有一个自己的判断。湖北是旅游资源大省，但不等于旅游强省。旅游大省需要对旅游的理解十分到位、充分发挥资源优势。

  我曾经这样评价湖北文化：比起巴蜀和吴越，荆楚地方的人显得霸气有余而矜持不足，亢奋尤多而敬畏较少，这也是地理使然。在上游，长江不疾不徐，故诗人吟唱"蜀江水碧蜀山青"，这七个字道出了天府之国的妙处；在下游，长江辽阔从容，同江南的女子一样温文尔雅，故有《春江花月夜》这样的绝唱；唯独在中游，长江野性十足，杜甫笔下的长江是"群山万壑赴荆门"，也有李白的"楚地阔无边，苍茫万顷连""两岸青山相对出，孤帆一片日边来"等等。所以说，很多人来到湖北生活了一段时间，格局和气势就会改变许多。

大家都知道，没有谁把长江作为一个景点。景点一定是可以亲近的，能够留住人的。而留住人的关键，是花心思在自然景色的奇特和服务功能的营造上。这一点湖北做得相对要弱一些。

鄂旅投旗下的恩施大峡谷，整个景区谋篇布局很好，但是还可以继续拓展和深挖。我看过里面的《龙船调》实景演出，山水实景剧也是留住游客的很好方式。同景点一样，实景剧也要不断创新升级，没有一劳永逸，就是要不停地推一版、二版、三版……，到后来又可以回到一版、二版、三版。

"湖北旅游"这篇大文章的前景很好。鄂旅投当之无愧应该是湖北旅游的龙头企业，因此也应该承担引领与建设的重任。我相信鄂旅投不缺智慧，更不缺雄心，唯有一步一步地、未雨绸缪地把事业奋力往前拓展，才会取得更大的成就。

今天我给大家讲了一些我的旅游经历以及我对旅游的认识和思考，并结合我个人的旅游感受，对鄂旅投建设的景点提了一点建议。仅仅是一家之言，不妥之处，敬请批评。

2016年12月6日
在鄂旅投集团公司的演讲

神农与神农架

一

2013年春天，我受四川省文联的邀请，前往岷江流域考察四川汶川大地震后灾区文化重建的情况。在茂县，我看到了一座正在复建的神农庙。这神庙的建筑样式，绝非中原传统的歇山檐风格的大屋顶，而是峭拔的类似于欧洲的哥特式建筑。当地人告诉我，这里是羌人聚居地，羌人认为他们的祖先是炎帝神农氏。这座神农殿也被称作太阳殿。羌人认为他们的祖先是太阳神。在长江流域，我们会看到各种不同的神农祠。台湾的神农祠，大大小小有一百多座。但是，在长江流域乃至广大的中国的南方，却很少能看到黄帝祠。由此我想到，为什么中国的南方原居民都会祭祀炎帝神农氏而很少祭祀黄帝有熊呢？

　　炎帝神农究竟是出生在中国的南方还是北方，从古到今一直存在争论。持北方说者，首先见于《左传·昭公二十九年》，晋国的太史蔡墨记载："有烈山氏之子曰柱，为稷，自夏以上祀之。"《礼记·祭法》一书中也说："厉山氏之有天下也，其子曰农，能殖百谷。"西汉学者都说"烈山，炎帝之号"。"烈"与"厉"是一对通假字，称烈山或厉山并无分别。炎帝神农氏出生在烈山，也无异议。后世争论的焦点是这个烈山究竟是在哪里？《一统志》记载："厉乡在德安府随州北，今名厉山店。"《水经注》的作者郦道元同意这个说法，认为随州的厉乡为烈山氏即神农的出生地。这个德安府的随州，即今天湖北的随州。对炎帝神农的出生地在湖北，历史学家钱穆不同意这个说法，他在《古史地理论丛》一书中说："今考古帝传说，皆在冀州，姜氏诸族，其后可考者，亦多在冀，而稼穑故事，亦多在冀，何以烈山氏生于随州之厉乡？盖晋亦有随。《左传》隐公五年，翼侯奔随，《一统志》：'随城在汾州府介休县东，后为士会食邑。'此晋地有随也。"

　　钱穆先生是一个治学严谨的历史大家，他考证炎帝神农生于山西古随城，不能说没有道理。但是，他的考评所依据的材料，也都是周朝之后的。用中国第一位最伟大的历史学家司马迁的话说，"其文不雅驯，荐绅先生难言之"。钱穆先生的伯乐顾颉刚先生是同意司马迁观点的，他在《国史讲话·上古》中说："任何民族的古代史都不免杂有传说在内,这原不足为怪,因为一个民族的历史也正如一个人的历史一样,一个人年纪大了,若单凭自己的片断的回忆,或零星的用物,去记述他幼年的生活,那自然是难得真确的。我们的古史也像这样,在东周以前,简直渺茫极了,我们只知道那几个朝代和若干个人名地名,但都是零零碎碎的,连贯不起来。从前固然也很有人提到这些,但不是黏附着许多神话,使我们不敢相信,就是支离矛盾,使我们没法相信。更有些人则是有意的去妄造古史,那就弄得更混乱了。"

顾颉刚是民国时期了不起的大历史学家,是他发现并提携了钱穆,顾先生是不会把传说当成历史的。以他的观点来看,关于神农故里的争执是没有什么意义的。他说东周以前的历史渺茫极了。既然是东周以前,那么西周及三皇五帝的记载,都不太可信。因此虽然他赞同司马迁所说的"其文不雅驯,荐绅先生难言之",但他却用司马迁的这个观点来批驳他的《史记》中的《五帝本纪》,认为这一部分的记述也还有好些"不雅驯"的地方。不过,顾先生的批评还是留有余地,他说:"这笔糊涂账现在还没法清算,只有待新史料的发现了。"

的确,在顾先生与钱先生之后,一些新的考古发现推翻了过往一些历史的定论。如小麦这种农作物,西方学者甚至连研究中国科技史的权威学者李约瑟都认为是从中东传入中国的,但是在20世纪的60年代末,美国芝加哥大学的华裔学者何炳棣在其著作《黄土与中国农业的起源》一书中，以大量无可辩驳的历史事实推翻了这一诊断，明确指出：中国农业的起源，具有自己的区域性和独立性。在河北省徐水县南庄头遗址中发现了距今一万年左右的谷物加工工具，如石磨盘、石磨棒等。

　　这种考古发现对于中国农业的起源意义重大，也证明了钱穆先生"而稼穑故事，亦多在冀"的说法。如果没有更新的发现，则可以推断炎帝神农诞生在晋了。但是，更加令人振奋的考古发现，又对这个推断打了一个问号。

　　历史学家樊树志在《国史十六讲》中对长江流域在新石器时代的农业考古成果做了一个梳理，书中指出：

> 1992年，中国和美国的科学家联合研究中国江西的稻作起源问题。美方专家于1996年、1998年两次发表研究报告，证实长江中游是世界栽培稻及稻作农业的摇篮，江西省万年县仙人洞等遗址的居民，在距今一万六千年以前以采集野生稻为主要粮食，至晚在距今九千年前定居的稻作农业已经开始。这项研究成果，更加彻底地批驳了此前西方盛行的观点——旧大陆农业都源自西亚的两河流域。

　　长江中游的农业考古发现不但推翻了中国农业的起源来自西亚两河流域，同时也证明，长江流域的稻作农业也早于黄河流域。此后的2004年12月17日,《科技日报》报道,湖南省道县玉蟾岩出土了一万二千年前的五粒碳化稻谷,被誉为世界上最早的稻谷。这一发现,诚如樊树志先生所说"于是有的学者感到迷惘:稻作起源,究竟何处是摇篮?"

在文字没有出现的时候,人类早期的传说虽不能当作信史来肯定,但也并非是虚构。关于炎帝神农的出生地,究竟是在山西还是湖北,历史上争论从未停止。在20世纪前的考古成果中,一些农作物遗址在黄河流域的发现,为炎帝神农诞生于山西提供了有力的证据,但长江流域的农作遗址半个多世纪的发掘,又为神农生于湖北随州增添了说服力。

二

现在,通常的说法是炎帝神农氏的活动区域主要在长江流域,而黄帝的活动区域主要在黄河流域。当然,还有一种说法也得到了学术界的普遍认同,即炎帝与黄帝并不是单指某一个人,而是一个部落,一个族群。在远古的中国人由旧石器时代向新石器时代迈进的时候,这两个部落最先从采集狩猎为生进化到农作畜牧为生。炎帝早于黄帝,从科学技术的角度讲,炎帝是中国农耕文明的创始人,黄帝是中国农业社会的奠基人,他们共同成为中国的"人文初祖"。这一点,《易经·系辞传》说得很清楚:"包牺氏没,神农氏作，斫木为耜，揉木为耒，耒耨之利，以教天下。"接着又说："神农氏没，黄帝、尧、舜氏作，通其变，使民不倦，神而化之，使民宜之。"这里说的包牺氏，即伏羲氏。中国远古神话与传说的三皇五帝，尽管各种版本说法不一，但多数版本都将神农列为三皇之一，而黄帝则名列五帝之中。

大凡历史悠久的国家，无不保持了对祖宗足够的敬畏，在国家礼制中，对炎黄二帝的祭祀可谓达到了国家的最高级别。在漫长的世纪中，对黄帝的公祭，其规模与规格，都超过了对炎帝的祭祀。我认为，这里面的原因是此后的中国的王朝，无论是夏商周还是秦一统天下后以汉唐为代表的历代帝国，均产生于黄河流域，他们对于黄帝的认同远高于对主要在长江流域繁衍发展的炎帝，尽管循例我们仍称自己为炎黄子孙。但是，尊黄抑炎的现象一直存在。这乃是因为，黄帝的子孙创立周朝之后，中国历史上的君王多半含有黄帝的血统，就像楚国，其国君也是黄帝的后裔，楚国国君是熊姓，是黄帝有熊氏的后代，熊姓分出了十六姓，屈原就是从熊姓分出来的，所以他在《离骚》中开篇就是"帝高阳之苗裔兮，朕皇考曰伯庸"。中国的封建帝王中，凡是汉人当了皇帝，没有一个宣称自己是炎帝的后裔，这大概就是尊黄抑炎的真正原因。这里面还有一个有趣的问题顺便可以提一下，炎黄二帝，后代人对他们的称呼也有差别，称黄帝很少会称他为有熊氏，称炎帝，则一定会称神农氏，甚至神农的名气比炎帝还大。由此亦可看出国人的心理，黄帝在后人的心目中，是真正的皇帝，而炎帝之所以被后人直呼为神农，则是因为他更像一位科学家，而不是一名政治家。

2006年，我第一次到随州，这是历史记载中炎帝神农的诞生地之一。我此行是应随州市委宣传部的邀请，前来考察神农遗址，同行的还有几位历史学家。当我们来到随州烈山，当地的领导同志将我们领到山中一处有十多平方米的山洞中，告诉我们说这里是神农诞生地，因此当地人称这座山洞为神农洞。在洞的不远处，还立有一道明隆庆五年的碑，说此地即神农诞生地。明隆庆五年即公元1571年，距今也有四百四十五年了，那时候的中国，旅游还没有成为一个产业，因此，各地的政府官员与企业家们也没有把名人当作稀缺的文化资源加以发掘利用，更没有为一个名人的出生地争得面红耳赤。四百四十五年前的这一块碑石，是当时的州官所竖立，以当时的社会环境，他绝没有借名人发展经济的念头。他立碑的目的只有一个，那就是他本人相信随州真的是神农故里。

虽然我们并不相信神农真的在这个山洞里诞生，但那一次的随州考察之旅，还是诞生了两句好诗，即历史学家王春瑜先生写的"悠悠华夏文明水，烈山脚下是源头"。烈山不必在山西，也不必在湖北，但它肯定存在于中国的山河大地上，我们也不会幼稚地用乡情代替历史，但我们都承认自己是炎黄子孙。从现存的远古传说以及人类学的常识来判断，黄帝与炎帝绝非指的是某一个具体的人，而应该是最先告别旧石器时代跨入新石器时代的两个部落。无论是代表北方的黄河流域，还是代表南方的长江流域，它们也并不是相互隔绝而是相互交流的。神农部落某一时期在北方发展，某一时期在南方发展而各自留下了传说，这都是可以理解而不需要争论的。从国家角度来看，有两个词是常常被我们提起的，第一是炎黄，第二是华夏。前者是身份，后者是故乡。华夏这个词，最早见于《左传·襄公二十六年》（前547），书中有一条记载是"楚失华夏"，指的是楚国的失误而丧失了中原。唐代经学家孔颖达对《左传》提及的"华夏"进行注释，他说"华夏为中国也"。在中国这片土地上繁衍生息的人们，都认为自己是炎黄的子孙，这应该是无可置疑的。

三

在湖北省委与省政府的支持下，随州市人民政府与一些专家共同努力，终于在2009年春获得国务院办公厅批文，将随州的炎帝祭祀列为国家唯一的炎帝公祭。当年，首届炎帝寻根节在阴历四月二十八（即传说中的炎帝诞辰）在随州举行，全国人大及全国政协都派了领导参加。我应邀撰写祭文。这篇祭文在炎帝的祭祀大典上由当时的湖北省省长李鸿忠宣读。祭文中有这样一段：

天地以风霜雨雪，化育万物；圣人以礼乐文明，塑造华

夏。以人补天，惟炎既黄；以道启德，大爱无疆。厉山共群山而逶迤，姜水引众水而浩荡。文明发展，风驰电掣；薪火传承，凤舞龙翔。

祭我祖兮，问大魂何在，尽在华夏儿女眼中闪亮；颂我祖兮，问大德何归，尽在亿万族裔心中珍藏。湖北乃九省通衢，荆楚为始祖故乡。敬天法祖，乃中华传统美德；继往开来，促我辈奋发图强。学习炎帝创新以为先，实施弯道超越，虎踞龙蟠今胜昔；效法神农开拓以为尚，致力中部崛起，天翻地覆慨而慷！倾满腔热血，铸时代精神；用忧患之笔，写改革篇章。学以明之，诚以行之。以和为贵，隆家兴邦！浩浩乎惟始祖一脉，于此衍生千秋功德，万世辉煌；巍巍乎仅炎黄二字，足可抵御千重灾难，万种风霜。

那一次的炎帝寻根节暨祭祀大典，由中央电视台国际频道与香港凤凰卫视直播，在海内外产生了广泛而热烈的影响。这篇祭文也得到社会各界的认同。我当时撰写这篇祭文的指导思想是：如何在文化的层面肯定炎帝神农的功绩？今天的中华民族以及炎黄子孙要从炎帝与黄帝这两位老祖宗那里学习什么？神农是中国农业的创始人，或者说，神农部落首先告别了以采集为主要生存方式的旧石器时代。从兽类中驯化家畜，从野生的植物中提炼五谷，种与养是农耕社会的主要特点，人类从此由被动的生活变为主动的生活。但是，无论是驯化兽类还是发现五谷，都充满了危险。所以说，神农尝百草与驯化野猪、野牛、野羊等等，无一不是生命的冒险。为了部落的生存与发展，担任部落首领的人，必须具有伟大的献身精神与创新意识。所谓创新，不是花前月下的卿卿我我，也不是月白风清的玄思冥想，而是必须有敢为天下先，为民身先死的巨大勇气。神农正是具有这种勇气的超人。

四

我猜想，神农尝百草，可能就是在神农架。我知道，猜想不是历史，但对于人类的史前文明，在文字产生之前，口头传说是我们不容忽视的一个走进远古的途径。我的猜想是依据一些传说而产生的：第一，神农架这个地名，是自古到今一直存在的。它为什么会有这个地名呢？在长江水系的众多山域中，唯有这一片靠近远古羌人生活地的山峰叫神农架，它的西北方是秦岭环绕的上庸古国，西南方是巴山腹地的巴国，巴国的后裔就是今天的土家族。羌土二族在上古时代，都是长江流域的土著，他们自称是神农的后裔；第二，神农架物种丰富，无论是动物还是植物，种类之多，应为中华群山之首。一直到今天，它都是科技史上闻名的动植物基因库。这一点符合神农尝百草的自然条件；第三，自十堰到湖北宜昌、恩施和重庆峡江一带，以神农架为中轴线，向西向南的大片深山密林即我们俗称的秦巴山区，这里神话传说很多，如女娲、伏羲、盘古、神女等诸多传说，我称之为神话故事长廊。为何如此多的神话人物与故事都在这一带山区流传呢？是否可以认为这里是古人类繁衍生息之地呢？第四，20世纪80年代，神农架发现了长诗《黑暗传》。此前，东西方学者都认为，汉族无史诗。《黑暗传》的发现，彻底否定了这一论断。这里面有一个问题值得我们探讨，为何汉族的史诗没出现在黄河流域而诞生在长江流域的神农架呢？当然，要想弄清这个问题还得假以时日，或者等待新的史料的发现。

在《黑暗传》中，关于神农，是这样表述的：

圣人诞生自天工，首出称帝草昧中。
制作文明开千古，补天溶日亘苍穹。
…………
神农成人姜水边，故此姓姜立为君。
神农为君苦得很，他尝百草识药性，
为民除病费精神，又教黎民把田耕。
女子采桑蚕吐丝，安享太平一百春，
出来七十二毒神，满天布下瘟疫症。
神农为了救黎民，遍尝百草识毒药，
几乎一命归天庭。喜有药狮来相助，
神农急将解药吞，你看七十二毒神，

赶紧商量逃性命……

　　关于神农的这一节，并没有夸饰他作为"帝"的威权，而是强调他的艰苦和服务民众的大无畏精神，说他"神农为君苦得很，他尝百草试药性"，并说他"遍尝百草识毒药，几乎一命归天庭"。这段韵文突出了尝百草的九死一生。可见《黑暗传》的作者是熟悉这种药农的生活，而且，这首汉族史诗的韵文形式是采用鄂西民歌赶五句的形式，可以断定是神农架地区的原创作品。现在，没有任何史料可以佐证神农架一定是神农尝百草的地方，但通过以上的一些边缘材料，我们至少可以推断神农极有可能来过神农架并在这里进行过他的九死一生的"尝百草"之旅。

　　我第一次来神农架的时候，看到这一片莽莽的群山以及郁郁葱葱的森林，看到逶迤奔腾的山泉以及一簇簇迎风摇曳的山花，看到可爱的金丝猴、飞鼠，联想到野人与独角兽的故事，看到俗称"文王一支笔"的蛇菰以及地球的孑遗鸽子树，听到土家人的山歌与梆鼓，心里头就想，如果我是神农，来到这里我就不想走了。当我来到神农顶景区，看到巨大的长了一双牛角的神农塑像，矗立在林木青翠的高山之上，我才意识到，神农从未离开过这一片土地。这山路上走的每一个人，都是他的子孙。子孙们的血管里，还流淌着他的血；子孙们的胸腔里，还奔腾着他的创世的激情。

　　神农架林区政府的李发平区长，履任之初，就对我说，林区政府要在神农架选一块吉壤，修建一座神农祠。我赞同他的主张，随州的烈山上，有一座炎帝祠，神农架上再修建一座神农祠，其意义在于纪念我们的文明始祖，他是率领我们远古的祖先们从旧石器时代走向新石器时代的第一人，他留给我们的精神遗产是：不安于现状，伟大而幸福的生活永远在前面。

说到这里，我的演讲该结束了。请允许我借用我在随州第三届炎帝寻根节上写的《祭炎帝文》中的一段作为结束语：

察以往矣，始祖佑我民族，是人间之大爱；瞻未来分，我辈心连始祖，续薪火之绵长。当今之世，五洲犹如一芥；神农故里，荆楚情联万方。恭颂始祖，我们继承美德；既为赤子，我们永不彷徨。建造中华，我们焚膏继晷；建设家乡，我们奋发图强！

2016年10月20日
在"中国长江论坛·2016——涵养文化长江论坛"的演讲

文化自信是一切自信的前提

我将从三个方面来讲文化自信。

第一个方面，就是我们的文化自信来自哪里？

我这次去欧洲参加文化经济高峰论坛，从罗马过庞贝古城，到那不勒斯，途中看到很多雅典、希腊的古文化遗址，包括雅典娜神庙、雅典卫城、罗德岛等。后来到埃及、土耳其，看到了米诺斯文化和麦锡尼文化，这些文化比中国文化更悠久。例如米诺斯文化有五六千年的历史，比夏商时代还早一些。看到这些历史遗迹，我不禁想到了我国的文化。

西方国家一开始并不认同中国是四大历史古国之一，认为这种说法缺少理论依据。在他们看来，巴比伦文化、印度文化、埃及文化和希腊文化才是世界文化之源。当然，这是西方一些民族对待文化的傲慢态度所致。在我看来，同样是五千年左右的象形文字，西方文化中的象形文字远不如同时期中国古代的象形文字复杂，词汇量也少很多。实际上，很多学者是认同华夏文明的，认为古代四大文明就是华夏文明、印度文明、埃及文明和两河文明，其中两河文明也就是我们所说的两河文化，是指在两河流域间的新月沃土所发展出来的文明，是西亚最早的文明，主要由苏美尔、阿卡德、巴比伦、亚述等文明组成。其实，希腊文化起源要晚一些，它是埃及文化的延续和发展。米诺斯宫，这座最早出现在荷马史诗中的王国，其实就位于土耳其的小亚细亚半岛。地中海有三个半岛：伊比利亚半岛、亚平宁半岛、巴尔干半岛。三个半岛组成的文明就是当时世界文明的轴心。我们并不否定他们曾有过的文化的辉煌时期。当壮丽的金字塔出现在我的面前，我禁不住想问，在五千年前那个没有铁器的时代，十五吨的大石块是怎样从红海，运送一千多公里的。

我们的文化自信的源头就是最早的华夏文明。华夏文明一个最大的特点就是它从来没有中断过。我们知道，承载文明的载体包括土地、民族以及国家。但是在四大文明中，特别是埃及文明和希腊文明，这两大文明存在的最大问题是，最早创造它们的两个帝国——奥斯曼帝国和罗马帝国，最终都没落、瓦解了。帝国的土崩瓦解和中国的改朝换代是两个不同的概念。一旦帝国瓦解，也就意味着这个帝国的消失，最后形成一个个大公国。大的帝国解体后，重新建立起来的这些国家，如现在欧洲的许多强国，如法国、德国、希腊、意大利、荷兰等都是在18世纪建立的，这些都是些小国家，都是公国。这些重新建立起来的国家都不是很大，大多都是几十万人口的大公国。帝国瓦解后，直到18世纪，他们的国家意识才开始觉醒，重新建立国家。因此，这两个文明没有一个国家来作为载体继续存在。从这一点，我们可以看出，文化的自信既是执政党的自信，也是人民的自信，更是中华民族的自信。没有中华民族，没有在这个土地上繁衍、生生不息的各民族的人，我们的自信也就不存在。也就是说，我们的五千年华夏文明从未中断的根本原因是我们中华民族统一体，这个载体一直都在。

这次去欧洲，我看到那些文化遗址非常有感慨。在欧洲，不论是曾经的国家的意大利的佛罗伦萨、米兰、那不勒斯、罗马，还是希腊等，这些地方的领袖都认为本国的制度是很优秀的。我就有疑问了，这么优秀的制度，为什么却不能保证国家永远存在呢？在恺撒被刺杀以后，有三个帝国来争抢罗马帝国解的统治权，最终，屋大维，取得了胜利。最后因为他与埃及艳后的不良关系，致使国家走向了衰落。屋大维和我国东汉开国皇帝刘秀是同时代的人物，之前的恺撒时代与我们国家的汉武帝是同时代的。整个罗马帝国在横扫印欧大陆之后便无声无息了，一种力量突然崛起，而后又戛然消失，在我看来是有些奇怪的。那块大陆上的帝国陨落、文明中断的原因是什么呢？

从古代帝国到春秋时期，有六七个世纪，经过了夏商周朝，春秋五霸，最后到战国七雄。其中战国七雄的群雄逐鹿的阶段和欧洲各帝国争霸的阶段很像。当时在湖北有几百个类似于欧洲的公国的国家，但是这个历史在公元前2世纪就结束了，公国的形式不在了。可是在欧洲，一直到18世纪，公国的形式都还存在。历史上，最早出现国家形态的是中国，这得益于商鞅和李斯对秦国的变革，他们把所有的城邦、邦联，以及贵族统治的公国一律撤销，改天下为郡县制。这是人类历史上一次了不起的进步。其他的国家后来建国用的都是郡县制。因为只有这样国家才得以存在。所以，以汉语为母语统一的大中国就从秦朝一直延续到了现在，这在世界史上是个奇迹。这就是我讲的，我们有理由对我们的文化很自信的第一个原因：我们的文明和国家从未中断。

第二，我们的文化自信来自于管理国家的制度的创新。我们在这方面的创新也可以说给全世界提供了一个范本，同时，中国在漫长的历史中一直领先于世界。

首先是郡县制，郡县制在雍正全部完成，同时又有了进步，即改土归流，也就是改土司制为流官制，少数民族自治区域所有世袭的官员也必须由朝廷指派、任命，把少数民族土司管理的方式，变成汉族式的官员管理方式。这种金字塔式的郡县制管理，有利于中央政权的管理及对人民的控制。

其次，从世袭制变为选拔制。在古代，虽然采用郡县制但是老百姓想要当官，还是很难的。刘秀云台点二十八将，只是他个人的创新，并未成为一种制度。创新有一个过程，就是从个案形成一种普遍的规范，形成规矩和制度。所以创新一种制度是需要经历好几百年的，如经历了近七个世纪后，才有了郡县制。

在东汉以前，中国古代一直是委派地方官吏，百姓没什么参与权。东汉刘秀注意到这个问题，于是他把同他一起打天下的二十八位将领请来，让他们全部退休，告诉他们："你们陪我一起出生入死打天下，现在是时候解甲归田了。治国和开国是两个概念，马上治兵不一定能马下治民。治民需要天下的读书人。"刘秀能做到这一点很不简单。最后，他请来了一位七十多岁的乡间的饱读诗书的老人做宰相，相当于咱们现在的国务院总理。老人没有当过官。刘秀这种做法，意在表明治国需要有文化的读书人。

刘秀当时并没有系统地制定出吸纳人才的法规，只是一次次地效仿前朝皇帝的做法，在当时叫求贤令，就是皇帝放榜，公开招纳人才，或者由官员举荐。这种皇帝放榜招纳人才的做法一直延续到了隋朝，到了隋朝才有了通过科举考试来选拔人才的做法。科考入仕途，为老百姓参与国家的治理提供了制度上的保障。如果没有这种科举选拔制度，后来很多著名的改革家就不可能出现，例如张居正，他的父亲出身卑微，是王府的一名护院；王安石的父亲则是乡村的小地主，像他们这种布衣出身的人之所以最后能官居高位，名垂千史，都得益于科举选拔制。

选举制被称为中国的文官制度。这样一来，就形成了皇权团结周围的两股力量，其中一股力量来自贵族，开国功臣等，另一股力量则来自平民出身的秀才。也就是贵族阶级的世袭体制和文官体系共存，用通过这两种途径选拔出来的官员一起来治理国家。这是中国对人类文明发展的第二大贡献。

另外，两大制度创新，郡县制出现在秦朝，选举制出现在隋朝。但秦朝只存在了三十一年，隋朝只存在了十七年，这两个朝代存在的时间都很短。为什么这两个朝代都有所创新，却很短命呢？这就是改革的代价，因为所有的真正的改革都会伤筋动骨，会破坏本已形成的稳定的机制。如果不是从世袭制皇权改共和制，清朝也倒不了这么快。废除了科举制，很多知识分子没有了着落，于是他们就联合工农来反抗，最终成立了共和国。这都是制度创新带来的改朝换代。

第三次创新就是我们新中国赖以为根本的公有制。前两次创新是改分封制为郡县制，改世袭制为科举制，第三次创新是改私有制为公有制。虽然中国目前还处于摸索阶段，存在一些问题，但不可否认这次创新也是受世界瞩目的。所以，我们的文化自信一方面来自于我们悠久的历史文明，另一方面来自于我们执政党的高瞻远瞩。

文化自信是一切自信的前提。我曾说："兴国必先兴经济，亡国必先亡文化。恢复国学是恢复民族文化自信的根本途径，善莫大焉。"中国人民大学国学院是我们在1949年废止国学后，成立的第一个国学院。现在国学院遍地开花，有公立的，也有民营的。我一再强调亡国必先亡文化，是因为没有了文化，何谈自信。五四运动开始，我们屡屡践踏和批判我们自己的文化，可谓不遗余力。那时我们看不到自己文化的伟大之处，总感觉自己的文化根源如风雪般迷离难辨。

如今，我们执政党提出了制度自信、道路自信和理论自信等一系列的概念，而在这三种自信的前面就是文化自信。文化自信是我们民族最根本的自信。从"五四"以来，造成了一种乱象，特别是改革开放三十多年来，形成的文化的不自信，带来了很多不良的影响，如教育事业混乱、道德沦丧等。举个很简单的例子，现在有三种文化在中国起作用，一是国家提倡信奉的马克思主义文化，二是民间老百姓信奉的传统文化，三是年轻人信奉的西方流行文化。这三种文化在我国各有自己的天地，谁也不能说服谁。我们的文化乱象已经显现出来了。这个时候，如果不重提我们的国学，我们的文化，我们的儒家、道家、释家三大根源文化，不将它们与马克思主义文化融在一起，我们就没有办法确定自己的文化身份。

我们都知道，儒家文化在汉武帝时期成了主流文化，在这之前，儒家文化只是百家文化中的一家。儒家文化主要是讲伦理，讲规矩的。道家讲道德，儒家讲仁义，佛家讲慈悲，道德、仁义、慈悲就成了中国社会生活中的六字方针。以儒家为轴心的王道政治、君臣文化一直在引领着中国的社会生活。随着中国经济的发展，西方国家开始对中国的社会形态更加关注。有一次，我陪李鸿忠书记访问台湾的时候，在当地看到很多未完成的、搁置的工程。这些工程之所以搁置，是因为在征地的时候遇到了阻拦。在台湾，土地是归个人所有的。这种土地私有制，就很能让国家形成强大的凝聚力。

我国一直追求王道精神，王道精神就是确保权力掌握在那些为人民服务的有理想有道德的人的手中，这是中国古人一直追求的，但目前还没有完成，还在探讨阶段。因为当今执政者中，还有很多不合格的人。当然，西方选举，一人一票，神圣不可侵犯，怎么也选出那么多的"昏君"呢？所以任何制度的优越性都是相对的。我们中国特色的社会主义制度，是在继承了祖先的基础上又有所创新的。所以，看似是中国共产党在同我们讲文化自信，实际上这是中华五千年历史延续到今天的结果，不是执政党别出心裁，而是代代相承的。现在我们来重新审视，我们从"五四"以后，一个世纪走的路，我们完全有自信说，我们的文化是可以引领中国前进的，也可以让我们国家对世界有所贡献。

第二个方面：中国为什么选择了社会主义？

我们的列祖列宗一直在探索适合中国社会生活和心灵生活的方式，比如我们怎样参与社会生活，怎样过好社会生活，对这些问题，我们的祖先从未停止过探求。当所有的探讨集中在一起的时候，它就会形成一种社会的共识。举一个例子，有一年，我到九华山，在登顶的途中，看到有块石头上刻了一副对联。上联是地狱未空，誓不成佛，下联是众生度尽，方证菩提。这是地藏菩萨的誓言：只要地狱里面还有一个魔鬼，我就不成佛；只有所有的人都到了极乐世界，才证明佛的追求是伟大的。当时是1990年，距今已经有二十六年了。当时看到这副对联，我感慨颇多，想到了马克思说过的一句话：无产阶级只有解放了全人类，最后才能解放自己。拿来一比较，两者的思想竟如此相似，马克思是政治领域的释迦牟尼，反过来，释迦牟尼是修行中的政治家。十年后，我访问印度，同印度的作家和社会学家座谈，当时文联的主席是王蒙。一位印度学者问王蒙："马克思主义在全世界遭遇了滑铁卢似的惨败，你认为它在中国还能坚持多久？"这个问题让我想到了当年在九华山看到的对联，于是我回答道："这个问题问得很好，我是一位虔诚的佛教徒。我之所以来到印度，是想来看一看释迦牟尼的故乡。但是，我很失望，因为创造了一个这么伟大的佛教的国度，现在有十亿人口，居然只有五百万佛教徒。很多漂亮的古寺庙也荡然无存了。而在中国，有两种人最多，一是佛教徒，二是共产党员。为什么印度抛弃释迦牟尼，而中国把他奉作神明？德国人抛弃了马克思，中国人也把他奉作神明？中国人最早选择释迦牟尼的时候花了一千多年的时间。汉明帝时，佛教传入中国，经历了多少次反复，从全民信佛的魏晋南北朝，到毁佛毁庙。中国从一种狂热走向另一种狂热，狂热地信奉又狂热地反对。在最狂热的时候，我们的很多达官贵人把自己的宅子全部捐出来作寺庙。我们的寺庙为什么做得像皇宫呢？就因为当时的达官贵人们的住宅都很金碧辉煌。但在狂热反对的时期，这些寺庙都被烧毁了，还强行让僧人还俗。就这样一直斗争了一千年，到了唐代，慧能出现后，让人们知道顿悟和渐悟这两种境界是可以达到的。此后，佛教在中国变得如火如荼，成为中国的国教。"

大家觉得顿悟和渐悟不一样，其实是民众的接受度不一样。佛教如果很高深，只有读书人和达官贵人信仰，就缺乏群众基础。要知道，慧能是个文盲，他说："众生即佛，我心即佛。"他让老百姓觉得，每个人都有成佛的可能。是他让佛走进了民间。而共产党呢，一开始就让马克思主义深入群众中。有了群众基础，事情就算有了好的开端。这符合中国的传统思想。当年，陈胜、吴广起义的时候，口号便是"王侯将相，宁有种乎"，也是这种思想。因为老百姓希望参与到政治和财富分配当中。因此，佛教在中国找到了落地的方式，成为国教。马克思说要工人阶级起来干革命，中国没有工人阶级，当时全是农民，所以毛主席没有说，工人阶级起来闹革命，尽管是镰刀和斧头组成的党旗，但主要是那把镰刀，斧头也是菜刀。当时老革命就是利用农民来打土豪、分田地，一切权利归农会。邓小平改革成功的原因也在此，就是让一部分人先富起来，做到分田到户。没有调动中国老百姓的积极性，事情就做不成。所以，我说改革在任何时候都不要成为权利的游戏，不要成为贵族之间的博弈，一定要把广大群众调动起来。不是说马克思主义能进中国，德先生、赛先生不能进，选择权在人民手里。老百姓选择了佛教，印度人不认它了，中国人认。

大乘思想，众生皆佛。中国人认为最大的平等首先是财产的平等，我们现在反腐败就是要达到这个目的。马克思主义在进入中国的时候，毛泽东改造了一次，后来邓小平又把它改造了一次，提出一国两制，并允许私有经济发展。最终中国人完成了对马克思思想的改造，使其成为中国一种特有的文化，成了除儒、释、道以外的中国第四种文化支柱。儒和道是中国本土的，释和马克思主义文化是外来的。

中国选择社会主义就是选择民本主义，它体现老百姓对美好生活的渴望。中国在选择社会主义之前，曾做过多种尝试，就像我们选择佛教一样。在公元7世纪伊斯兰教最庞大的时期，曾用武力强行进入中国，却最终没有在中国成为国教，这是为什么呢？这是因为佛教最适合中国。我去年到柬埔寨吴哥，在吴哥窟看到一个残存的石雕，记载在真拿古国的时候，两位将军率领军团和伊斯兰作战，其中一位将军骑的是大象，穿的是真拿族的服装，另一位将军骑的是马，穿的是中国古代将军服。在南宋时，中国面临南面的大金王朝的侵略，国力减损。可是当伊斯兰国侵略柬埔寨的时候，中国仍然派兵支援。中国在信奉佛教的时候，就觉得要捍卫国家的利益。而且在多少年以来，全世界也认同中国为佛教的宗主国。我们汉代有许多国师，从唐代开始到明代，有两个国师，一个是佛教，一个是道教。道教叫"张天师"。到了清代，又多了一个喇嘛教。在中国，社会生活靠儒家，心灵生活靠佛教和道家。

其次，我们社会生活中的王道精神，精髓就是内圣外王，内圣就是说我们在内心要时刻注意修养，外王就是天下为公，这是儒家的初心。共产党建国之后，一直强调要学雷锋、鼓励做道德模范，这就是王道精神在今天的现实版，这些理念明显是吸收了传统文化的精华。到了习总书记这一届政治局，明显地、有意识地从内圣到外王，重视从传统文化中汲取治国的经验，例如前段时间提出来的，不忘初心。共产党的初心是什么？就是为人民服务。也就是孟子说的民为重，社稷次之，君为轻。我们尽管信奉马克思主义，但是很多理念就是来自传统文化，与传统思想相近。国民党也是如此，因为他们也是在这种文化中成长起来的。共产党能取得最终的胜利，就是不忘初心。在战争年代，共产党到哪里，老百姓的运输队就跟到哪里，老百姓和共产党可谓心心相印。今天，共产党又提出不忘初心，就是希望一直同老百姓保持这种鱼水情。所谓执政的合法性，关键就在于老百姓是否认可。制度自信，就是当我们的制度有瑕疵的时候，一定要及时调整，保证制度的健康；道路自信，就是要选拔有才有德之人；理论自信，就是要出马克思和释迦牟尼这样一些口号，深入人心，如"王侯将相，宁有种乎"。在改革的过程中，切不能将老百姓的利益抛弃，只剩下大的利益集团在那儿搭台唱戏。

佛教在中国生根已经有一千年的时间，共产党成立到现在才九十年。你现在就去批判马克思主义在中国水土不服，明显为时尚早。让马克思思想真正和中国社会相融合是需要一代一代的执政党的努力的，是需要我们给予其时间的。当老百姓和"庙堂""江湖"的力量成为合力，这个过程就会加速，反之，这会延缓。改革的进程就看我们每一个人对改革的参与程度，也看我们的制度是否允许每个参与其中的人能够发表意见。

下面讲第三个问题：文化自信应该坚持和遵循的原则。

按总书记的说法，文化自信的落脚点就是道路自信、理论自信和制度自信。道路就是社会主义道路，理论就是建设有中古特色的社会理论，制度就是现在坚持的社会主义，例如人大制度和党的领导都是基本的社会制度。我认为，我们的社会主义应该叫儒家社会主义，就是传统的，包括我们的世界观的三个层面国家、集体和个人。中国历代的好的世界观，仁义、道德、慈悲，包括明代的世界观，最简单，就是忠孝。张居正写了一副对联给朋友：一等人忠臣孝子，两件事读书种田。在明代价值观非常明确，《三国演义》中宣扬的就是忠和孝。孝包括孝悌，对朋友的尊重也属于孝的范畴。《三国演义》中的故事尽管与真实的历史有出入，但它是一部文化为政治服务的代表，反映了当时明朝社会的主旋律。另外一部明代代表作《西游记》也是如此。它产生于嘉靖年间，当时嘉靖皇帝不信佛教，独信道教。书中到西天取经要成佛的人就是智商不高的唐僧，加上一只猴子、一匹马和一头猪。言下之意畜生才去成佛，这是对佛教的辱骂。就是要迎合皇帝信道的思想。历代宣传价值观、体现是非道德标准的作品，已经成了中国人的一个行为准则。道德，从训诂学上讲，道就是不以人的意志为转移的规律；德就是遵循这个规律来做事，做人，合起来叫道德。我们今天的道就是中国特色社会主义道路，德就是为了完成这个目标所需要的精神。说起来容易，做起来难。几十年，特别是改革开放之后，我们的理论是滞后的，我们的理论变成了对中央政策的解释，没有创新，又没有思想市场，无人研究。这对我们的改革都是不利的。所以，我们要理论自信，首先要理论创新。

　　道路自信、理论自信和制度自信的前提是文化自信，它们的共同点就是创新。这次，我到埃及，看到金字塔有非常深的感慨：五千年前的埃及人创造了这个奇迹，现在的埃及人却没能在这五千中创造出更加伟大的东西，这是很令人困惑的。两千年前的中国人修建了伟大的都江堰水利工程，如今，我们有了远远超过这个伟大工程的长江三峡水利工程，这就是创新。从古长城到现在南水北调工程，这也是工程的创新。这就是在超迈古人。国家的兴旺在一定程度上表现在一代代留下的伟大的视觉符号上。我这次去了很多国家，如印度、希腊等，看到那里的人民日子也并不好过。虽然他们声称他们的总统是一人一票选举出来的，但很多总统根本不能兑现他们在选举时对民众许下的承诺。尽管他们一直在攻击中国的政治制度是专制制度，但却掩盖不了自己国家体制所存在的弊端。

怎样去创新呢？首先，我们要找出在这三个自信中出现的问题，其次，要和世界上其他国家做对比。一对比，我们就会发现不仅我们的制度存在缺陷，世界上其他国家的制度同样存在缺陷。所以，我们要学会运用两分法，他们的问题在哪里，我们的问题又在哪里，他们的问题是不是痼疾或者癌症。这就是我们说的第二个问题，文化自信不等于自闭，更不等于自傲。

中华民族历来是好学的民族。我们对佛教不是很清楚的时候，无论是到中国传教的达摩还是鸠摩罗什，中国至今都奉若神明。现在的中国人如何尊敬佛教先贤，就同样会热爱马克思主义。中国历来是个虚怀若谷的国家。中国对世界上宣传中国正能量的人始终带有一种敬意。如果没有法显、玄奘这样的一批人走出去，中国佛教的本土化会非常漫长。同样，没有像孙中山、邓小平等一批留日、留法的知识分子，我们在寻找转型期的道路时，会遇到很多障碍。明代中期的危机就是闭关锁国，清代同样存在这个问题。我去年到嘉峪关，非常感慨。汉武帝当年打下九县四郡，一直到哈萨克斯坦。但他后来修建了嘉峪关，舍弃了关外广袤的土地：敦煌没人管，新疆没人管。幸亏当时的俄罗斯并没有那么强大，不然很可能敦煌现在都归属俄罗斯了。两百多年间，当地的人处于无人管理、无人过问的状态。这是当时西北的状态，南边的像温州、海南岛等大片的海域也被封锁起来了，岛上的原住民全被迁回了大陆。最后导致了海上倭寇横行。幸运的是当时的日本不是很强大，要不然，这些海域就成了日本的版图了。明代的海禁和封土政策一直延续到了清初，这种做法导致了后来危机的大爆发。

正当中国故步自封的时候，世界的全球化已悄然开始。以至于，闭关锁国造成了后来以甲午战争为开端的几百年的悲剧，海外的一群列强来我国肆无忌惮地掠夺资源。闭关锁国的中国被打得措手不及、踉踉跄跄。幸运的是，中国人民是坚韧的，最终取得了战争的胜利。这样一来，我们就有了极大的文化自信，认识到我们中国的文化积蓄的力量是可以与世界上其他文化抗衡的。

中国的文化有一种自我修复的能力。每次我们国家遇到危机之后，就会出现圣人。大家现在对朱熹、对王阳明这些人都是耳熟能详。他们所处的朝代都存在着很大的问题。一个是北宋时期，宋徽宗在1101年登上皇位，他在位二十几年，迅速让北宋成了娱乐化国家，天天都是嘉年华，人们吃喝玩乐，年轻人都丧失了理想，每个人的欲望都达到了顶点。后期，很多逃难的贵族就回忆北宋灭亡的悲剧时，总结了十六个字：黄髫小儿,但习歌舞；斑白之老,不识干戈。意思是所有的孩子们先学跳舞唱歌，就和今天一样；四五十岁的人觉得战争非常遥远，追求安逸的生活。所以后来打仗的时候，出现了十四万人齐解甲，更无一个是男儿的不利局面。北宋人民眼看着六十万金军长驱直入，北宋灭亡。后来，朱熹分析人欲的放纵导致王国的现象，形成了自己的理论体系：存天理，灭人欲。这六个字看似残忍，却是面对危机给政治家开出的一剂良药。在这一理论的指引下，国家面貌慢慢发生了改变。我们的文化旗手从苏东坡、变成了李清照，后来又经过二三十年，变成了辛弃疾，重新有了铁马金戈入梦来的昂扬之气。中国现在的文化也在转型，我们也在从这些家长里短、靡靡之音，转型成金戈铁马的豪迈气质。还有一次是明朝，到了武宗皇帝，他也是个喜欢玩乐的皇帝，民浮于事，当时所有的官员全部谈佛、谈道，不谈正事。当时王阳明就感觉到知识分子除了读书求知，还要去实践，去做事。读书人身居高位，却不干正事，是不行的。所以他才提出知行合一，又一次解决了中国人的精神问题。

  中国推进社会前进的力量，也就是两大文化自信的两大支柱，一个是政统，高官；一个是道统，就是读书人。如果我们的政统和道统背道而驰，出现分裂时，我们的危机就会加深。今天中国正在进行的改革，政统非常积极，道统的声音是分散的。我们还是要以知识分子的担当和责任积极推进改革。

2016年8月

在湖北省委党校培训班的演讲

中华传统文化对当今时代的影响

我今天讲的题目是：中华传统文化对当今时代的影响。这个题目包含的内容很广泛，也是我近年来思考比较多的问题，为了慎重起见，我还是认真地做了一点案头工作。

一、什么叫传统

传统文化首先是"传"，我们对传统文化的定义有很多种，归纳起来，其实很简单，就是我们的生活方式和思维方式。我给大家举一个例子，有一年春节，我回英山老家，在路上车子掉到泥潭里出不来了，我就去找旁边村子里的人，我说请大家帮个忙，我出钱请大家帮我把车子推出来。可是他们说那不行，我问为什么呢？他们说，我们刚贴完对联，吃了年饭，这段时间我们就不能干活了。我说你们这里都是这样吗？他们说都是。这就是一个传统。还有一个例子，我的父亲去世，我想给他立碑，别人说你不能立，要三周年才能立碑。为什么呢？他说，我不知道为什么，老辈们都是这样立的规矩。从这两个例子来说，传统文化就是我们的生活方式，就是我们民间所遵循的一种代代相传的生活模式。在古代，一些少数民族一个家庭兄弟几人可能只娶一个老婆，兄弟处于共妻的状态；有的民族家庭里可能父亲有妻妾二人，父亲死后，妻生的儿子就要娶父亲的妾。这些在我们现在的伦理中可能是不被接受的，但是在当时就是民族传统。所以我说，世界的矛盾根源，很多就是在于不同的文化。德国在二战战败之后，首先就是道歉，承认自己民族曾经所犯下的错误，这就是德国的传统；但是，二战之后的日本就拒不道歉，我看来，这也是日本的传统。想要改造日本的行为，就要改造日本的传统，如果它的传统文化还在起作用，我们也就不要期待它能把自己改变到我们希望的状况。明代的时候，倭寇在中国东南沿海烧杀抢掠，横行无忌；万历年间丰臣秀吉发动朝鲜战争，被中朝两国军队打败。这些侵略行为，日本从来就没有认过错，这就是一个霸道国家的传统。所以，大到一个国家，中到一个民族，小到一个人，其所秉承的性格、思维、所有的生活方式，最终形成了不同国家的文化、不同民族的文化、不同家族的文化，长久延续下来就形成了传统。

改革一定程度上就是对传统的变革，我们要在传统的基础上把不合适的改掉，把优秀的保存下来，这是从文化层面上来说。我们国家从新中国成立之初一直到改革开放，计划经济实施了几十年，这几十年就形成了一种新的国家传统，我们今天走社会主义市场经济体制，就是对以往计划经济传统的改革，但是这个过程是很艰辛的。文化一旦形成传统，再重新改革就很困难。我们对待传统也要回到传统的语境中去，比如说我们用现代的文明标准来衡量明代的文化传统，那么我们就犯了时空上的错误，用今天的观念去衡量，明代的官场以及市井生活，很多事情我们就会觉得很奇怪，甚至荒谬。所以我在写《张居正》的时候，我说历史小说的真实反映了三个方面：一是典章制度的真实，二是风土人情的真实，三是文化的真实。这三者中，文化的真实是最难的，你必须把一个国家、一个民族的文化从开始到发展的变化了解得十分清楚，这样你才能知道这中间存在的变化和改革，你才能更容易理解传统。我们今天的改革比古代的改革面临问题要多得多。古代的时候，没有国企，也没有集体所有制这些说法，古代的改革在经济上主要是改变税收的征收方式，扩大税源；在政治上主要是整顿吏治，治理腐败。在今天来讲，我们的大型国企，我们的集体企业，我们的土地集体所有，这些新的经济形态是1949年以后形成的。最近，听了习总书记的一系列重要讲话，对中国特色社会主义我就讲了一个观点，我说，我个人理解是两个关键词：第一是中国，第二是社会主义。中国的历史是五千年，中国的社会主义从中国共产党成立到现在还不到一百年，那么建立中国特色社会主义就要处理好这五千年和一百年的关系。五千年给了我们强大的传统文化，一百年给了我们前进方向的社会主义，这两种文化能够有机融合起来，那么就是我们中国复兴成功之日。今天这两种文化还有很多不能融合的地方，所以总书记在一系列讲话中，都讲到了文化的作用，讲到我们在一个很长的阶段都要对传统文化既有扬弃又有弘扬。所以现在要讲走好中国特色社会主义道路，首先要把中国这篇大文章做好，然后把社会主义当成中国文化的一种前景和期盼。现在我们党就是代表着社会主义文化，我们以这种文化为宗旨，忠诚于这种文化。但是我们不能因为自身的原因，而把这种文化硬性强加给老百姓，我们应该引导老百姓自觉地接受和并逐步改变根深蒂固的传统文化基因，我们社会主义的道路还有很长一段时间。所以，我们今天要做的事情，就是首先要用心弄清楚什么是传统文化，传统文化有哪些需要我们继承。

二、传统文化的传承

了解传统文化的传承，需要理清传统文化在中国发展的脉络。传统文化是怎么产生的，又是怎么传承的，中间存在的几次文化变革的重大时期，我们都要梳理清楚。在全球范围来看，在公元前6世纪前后的四百年间被称为是世界文化史上的"轴心时代"，这一时期，在中国、希腊、印度等地区同时出现了人类文化的突破性进展。在中国，这一时期也是中国传统文化由萌发到定型的重要时期。在这个时间段里，我们通常讲到，先秦诸子百家以及其中的重要代表孔子、孟子、老子，庄子、荀子、墨子、韩非子等，在当时，这些学问家中具有代表性的总共有十家，有儒家、道家、墨家、法家、阴阳家、兵家、纵横家、农家、杂家、小说家。这十种文化基本就包含了中国文化的主要内容，只要我们把这一些原典粗略学到，知道了一些大概，我们就知道中国文化的起因和大致范围。中国文化经过最初的萌芽而演变成诸子百家争鸣，在这个百家争鸣的春秋、战国时代，每一个国家都有自己的国家意志、国家思想。这个时候，儒家讲修身齐家治国平天下，修身就是把知识与个人的生活融合在一起；齐家就是首先要把家庭治理好，然后才能去治理国家。当时国家的概念，实际上只相当于我们现在很小的一片区域，当时中国大地上的方国、诸侯国有上百个之多，后来这些国家之间相互征伐，兼并融合，就像是我们现在的资产重组，到了秦代的时候，经过六百多年的时间，终于把这些国家统一了。统一之后的中国不再进行分封，也不像欧洲一样实行了城邦制，从秦始皇开始，中国在全国推行了郡县制，郡县制实现了全国的紧密的统一。

现在有一些学者说中国没有演变成城邦制，这是中国最后走向专制、走向集权弊病的原因。实际上，这是两种文化形式，是一个不同形态上的问题。如果说地球上只有一种文化存在最终也会重新演变成若干个文化形态,这是人类文化发展的一个轨迹。在秦朝之前,先是由周天子来管理国家,西周的时候,周天子还具有强大的权威,但是随着诸侯国势力强大,中央无法驾驭地方,而地方之间又相互征伐。所以,在周代的时候,体制关系上就出现了两难,一是中央和地方的关系,一个是地方与地方的关系。所以,这两个问题解决了,政治体制也就解决了。东周就是因为没有解决这个问题,最后秦始皇才吸取教训,不再进行分封。体制是一方面,文化是另一方面。春秋战国时期各国都产生了不同的文化传统、文化信仰,有的盛行道家,有的产生儒家,有的实行法家,有的流行阴阳术数,各国的文化虽不统一,但却多姿多彩。所以,唐朝的时候,李白来到湖北,他写了一首诗,说:"我本楚狂人,凤歌笑孔丘。"可见,当时有不少楚国人可能就不欣赏孔子的观点。与孔子同时代的,有一个叫伍子胥的人,他本是楚国的贵族,楚平王把他一家人杀掉之后,他就逃到吴国,最终帮助吴国富国强兵,并为复仇攻破了楚国的都城。当时孔子很崇拜伍子胥,孔子是他的粉丝,孔子说,只有伍子胥来到我们国家,才可以帮助我们把国家强大起来。但是,这个人很忙,一般人请不过来。所以就派他最得意的学生子贡去请。子贡去了之后说明缘由,伍子胥说,孔子这个书呆子,他懂得什么。春秋末期,各诸侯国之中有几个最有名的领袖式人物,如吴国的伍子胥,郑国的子产,越国的范蠡、文种等,像伍子胥这种人是领袖群里的带头人。在孔子同时期的人里面，他不是最伟大的，是思想家却不是政治家，所以只有在家做学问，这一点孔子自己也很清楚。但令孔子没有想到的是，在以后中国的历史上，他把和他同时期最优秀的人物都超越了。这就是文化的力量。

孔子生活的年代，国家体制已经出现了很大的问题，所以，孔子一辈子说要克己复礼，要恢复西周初年的礼仪规范，为此，他说过三句最有名的话：第一句，"周监于二代，郁郁乎文哉！吾从周"，孔子说，周朝是在夏商之后建立的，它吸收了两代的典章礼仪，具有一个大国的气象，它是非常完备、非常盛大的，他要遵从西周的礼仪和文化。第二句话，他说，"吾其为东周乎"。他说，如果有人用我的话，我能够让天下还能像东周一样礼崩乐坏、僭越礼制吗？第三句话，他说，"久矣，吾不复梦见周公"，他很长时间没有梦到周公了。周公制礼作乐，为西周政权提供了当时最优秀的制度建设，他是孔子的榜样，所以，孔子说他要继承周公的礼仪文化。鲁国是周公后裔的封国，所以，在孔子之世，它也保持很多周代的传统。当时，吴国有一个贤人，叫公子季札，季札游历北方，到了鲁国之后，听到鲁国的音乐，如醉如痴，他说，我在别的所有国家都听不到这么正宗的周朝音乐。后来，韩国的公子也到了鲁国，他也说，他在鲁国见到了最完备的周朝礼制。所以说，鲁国是周文化的继承者。周公运用礼制和德行作为主导国家运行的内核，以规则和仪礼来维持王权的神圣，孔子认为这是一种文化的力量，所以他坚持恢复周礼，也把鲁国看成周朝的最后一个时代。但是，这里面有一个问题值得我们深思，为什么完全继承了周文化传统的鲁国，没有避免它覆灭的命运，而背离了周文化的楚国，凭着文化的诸多创新，迅速发展成为一个大国？2013年我陪同李鸿忠书记到台湾，按行程安排他要到中国文化大学去做演讲。书记很慎重，就找了一些人来探讨演讲什么内容为好。我当时就找了很多台湾的资料向他汇报，我说，马英九在纪念辛亥革命一百周年的时候说了一段话，他说，"中华民国"在台湾，中华文化在台湾，台湾为中国保留了最纯粹的文化。关于中国文化的传统，我们去了以后恐怕回避不了这个问题。鸿忠书记脱口而出，他说，文化的主体恐怕应该首先担当创新的任务，孟子说内圣开出外王，内圣的文化核心是可以不变的，铸就王道、教化天下的方法是可以有多种的，是可以创新的。我同意这个观点。鲁国当年克己复礼，就像蒋公他们当年在台湾推广传统文化一样。对于传统文化，永远都要处理好继承与创新的关系。在春秋时代，与鲁国相比，楚国是一个具有创新意识的国家，它和北方处于黄河下游的齐国一样，都具有面对新生环境勇于挑战和革新的勇气，所以这两个国家的关系非常好，屈原一辈子九次到齐国，非常欣赏齐国。齐国是周武王的第一功臣姜太公的封地，后来它和楚国在军事上结成了坚实的同盟，齐国也出了很多杰出的人才，比如孙子、孙膑、邹衍等。齐国是楚国的同盟军。我们今天说山东是齐鲁大地，齐国在山东北部，胶东半岛，靠近渤海，鲁国在山东中部，靠近泰山。两个邻居相处几百年，常常也是针尖对麦芒。齐国靠近大海，盛产鱼、盐，比较容易接受新事物，发展很快。这和楚国也很相似，这两个国家都属于充满激情、充满思变的一类，出产了很多军事家、艺术家，也有对未知世界勇于探索的学问家。齐国的邹衍是第一个提出了海外"九州"之说的人，他是具有非凡想象的，而屈原在《天问》中也对地球之外的宇宙世界进行探索。齐国和楚国还有一个共同特点，说话的时候喜欢用隐语，用简单的故事讲述深刻的道理，言在此而意在彼。比如说，楚国的楚庄王有"三年不鸣，一鸣惊人"的故事，齐国的齐威王也有"不飞则已，一飞冲天"的典故。楚人喜欢用寓言的方式讲述人生的道理，喜欢用寓言的方式把天下之道传播出去，因此就有了庄子。庄子讲了一个故事，有一次他带着学生们出去玩，在山上看到很多人在锯一棵大树，他就对学生说，你们千万不要做栋梁，做栋梁就要被锯了做房屋，你就没有命了。学生们说：知道了，老师。又往前走，看到了一棵树枯死了，躺在地上任人践踏，他又说，你们不能当朽木，当朽木要被人践踏。学生们说，栋梁不能当，朽木也不能当，我们当什么呢？庄子说，做既不是朽木也不是栋梁的那一种。

如果说我们有机会去历史博物馆，看到春秋战国时期的文物，我就会给大家讲这里头哪一个是周朝的规制，哪一个是诸侯国的创新，从文物里我们能更清楚楚国为文化创新做出了多少贡献。如果把西周的文化与楚国比较起来，那么周文化特点就是数量和科学理智的运用，像周人的礼器、玉圭等都有严格的规范标准，它的制作与标准规范是分毫不差的，另外，各个级别的官员也都具有对等的礼仪规范，个人绝对不能僭越。这些都是国家规定的，否则就是违法。中国最早的高速公路是周朝修的，有二十米宽，至今还在，非常了不起，很像德国人的思维。所以周人文化的特质是凝重典雅、秀美端庄。而楚文化和周文化相比，它的特点是奔放、飞跃、热烈、灵动，楚人屈原在他的诗歌里写了二百多种植物，他在《天问》里提出了一百七十多个问题，都体现了楚人思维里的浪漫色彩。与此相比较，《诗经》大多产生于北方地区，以四字为一句，节奏统一，体现了北方庄重的特点；而屈原的楚辞里每句字数不一，节奏错落有致，情感丰富多变，与黄河流域的诗歌呈现出不一样的风格，体现出南方活泼灵动的特点以及楚人勇于创新的精神。楚国对传统大量革新，不合周朝礼仪使得楚国在诸侯中很没有地位。楚人的首领第一次到岐山参加周天子召开的盟会时，在正式的宴席上没有他的位置，他只能担任主持生火这样一类服务性的职务，所以楚人很生气，发誓要奋发图强。周文化讲究不以规矩无以成方圆，楚文化却是完全不一样的思路。我们现在可以看到，正是由于楚人的创新和打破常规，我们中华文化里又出现了许多绚丽多彩的篇章，以文物为例，周朝最有代表性的是青铜器，而楚国的则是漆器。现在我们看韩国、日本的漆器都是珍贵的艺术品，而实际上漆器的鼻祖就是楚国，就是在我们湖北。

三、文化创新的意义

楚文化对周朝传统文化是一个叛逆。或许有人会提出这样的问题，创新有什么用？楚国的文化创新难逃覆灭的命运，最后还不是被秦国灭掉了吗？关于这一点，我讲一讲我的观点。

楚国虽是被灭亡了，但是楚国的文化并没有灭亡。秦代主要沿袭了周文化的传统，这两文化都衍生于三秦大地，它讲的是数量和科学的结合，但是秦国由于没有考虑到当时的国家建设与老百姓的承受能力，致使最终它很短命。有一位领导同志与我探讨历史规律的时候，说过一个观点，他说，历史上有两个朝代，很值得今天我们仔细研究。一个是秦，共十四年，一个是隋，共三十七年。秦修了长城，隋修了运河；秦发明了郡县制，隋发明了科举制。这两项创新都为中国的文化、中国的历史做出了杰出的贡献。所以，从历史的经验来看文化创新，首先要研判当时的国情国力和老百姓的承受能力，如果把老百姓生存的需要忽略掉，为了创新而强力改变一些东西，最终矛盾的激化一定会伤及自己。这两个朝代的速亡就是鲜明的例证。楚国被灭亡之后，"楚虽三户，亡秦必楚"，最后项羽、刘邦领导的起义军还是灭掉了秦。项羽、刘邦都是楚人，刘邦称帝之后，楚文化开始在全国推行开来。比如，在语言方面。项羽的"力拔山兮气盖世",刘邦的"大风起兮云飞扬",他们所唱、所作的歌谣都是来自楚地的方言,并直接承继了楚辞的传统。第二个是风俗习惯,以座位来论,在中原各国以右为尊,在楚国以左为尊,入汉之后,这种风俗习惯成了国家礼仪接待的标准,一直到现在我们宴席上还是以坐左边为尊贵。还有就是楚人的官服、衣帽也都被汉代继承了下去。第三是《离骚》这一类的楚辞,成为学校里的教材,汉人的赋体诗也受到了楚辞的影响。第四汉代宫廷以红黑两种色彩为主,这一直是楚人惯用的颜色,楚国生产的漆器就以红黑两种颜色为主。

所以,我得出结论,今天我们所说的传统文化,很大一部分来自于楚文化。在传统文化中除了以儒家为代表的儒家文化之外,还有来自于楚国的老庄一脉和道家思想,不能提到传统文化就只有儒家,了解先秦百家的诸子学问,我们才能更全面地了解传统、对待传统。楚国文化的老庄哲学和屈宋文学为传统文化注入了新鲜的血液,由楚齐两地形成的黄老之学为汉朝政权的稳定发展提供了思想武器。汉初主张无为而治的黄老道家学说,成了思想文化的主流,他们从过往的传统中吸收能量,与民休息,自然无为,创造了汉初"文景之治"的盛世时代。但是对于传统的变革,汉代不能不说是一个文化整合的大时代。经过了汉初六十多年的发展,汉武帝登基,政治与文化的变革再次实行。我们知道,董仲舒提出"罢黜百家,独尊儒术",其实更重要的是,在这八个字背后,董仲舒提出的一套政治理论体系。董仲舒专注《公羊传》，与《公羊传》同时的还有一部著作叫《谷梁传》。《谷梁传》产自鲁国，是用儒家思想解释鲁国史书《春秋》的一部著作，而《公羊传》产自齐国，是以黄老之学来注解《春秋》的。董仲舒的思想根基与文化资源，便是来自于这部《公羊传》。可见，他的"罢黜百家，独尊儒术"并非原教旨的孔孟学问，而是用黄老之学来解释儒学，是儒和道的统一。不过，这一点董仲舒做得很成功。由此可见，没有伟大的理论家，仅仅靠君王的权力，文化的变革是不太容易实现。政治改革需要政治伦理的变革，需要强大的文化自信来做支撑。在中国前进的道路上有两个系统在起作用，一个是政府，一个是为政府提供理论依据的理论家。汉武帝是政治家，他非常强烈地需要推动中国的文化传统，这时候董仲舒就满足了汉武帝的需要。另一个成就汉武帝国家中兴的条件是，经过汉初六十多年的发展，国家政权已经十分稳定，老百姓的生活得到了基本保障，社会处于一个稳定期。

今天，我们通过对一部经典的解读，通过对一种思想的解释、发挥、阐述就可以知道传统文化发展到今天，中间经过了哪些变革，经过了哪些创新。在儒家的传承上，讲孔子、孟子、荀子、董仲舒、二程、真德秀、朱熹、陆九渊、王阳明这十个代表人物，到今天又发展了新儒学。在道家的传承上，有老子、庄子、慎子、杨朱、王重阳、张三丰等，今天的道家只有术而没有学。学和术两者是不能分的，学是形而上，术是形而下，只有术没有学的情况下，就不能融会贯通，从理论上指导我们时代的发展与进步。

中国的传统文化中诸子百家的学问都很精致，但最重要的还是儒道两家。儒道两家像两个轮子一样，行走了很多年。到了唐代的时候，中国文化的两轮车变成三轮车，佛家的思想加入了进来。佛教在中国第一个寺院的建立是在东汉的明帝时期，但是，我总觉得佛家在中国的传播是在汉武帝时期。史书上记载，汉武帝出兵西域的时候，从匈奴王中获得祭天的十二金人。从这个地域上来推断，我认为这些金人可能就是菩萨像。这些将领回来汇报说，供奉这些金人用的是水果和素菜，不用猪牛羊这些三牲。另外还说，匈奴人将这些金人放在房子里锁起来，所以我想这些房子可能就是供菩萨的佛堂。这可能是佛教在中国的第一次记录。从汉代以后经过了几百年，佛教不断传入中国，并且不断地本土化，终于到了唐代的时候，在我们湖北黄梅五祖寺，佛教中的一支禅宗开始发扬光大，成为我们传统文化中的重要的组成部分。我再给大家讲我去印度访问的一次经历。我们中国作家代表团在访问的时候，有一个德里大学的教授，提出了一个问题。他说，马克思主义在全世界上遭遇了败绩，你们中国人还能坚持多久？团长让我回答这个问题。我正好也在思考这个问题。我说，这位先生问得好，那我也想反问一个问题。印度是世界上佛教的诞生地，为什么拥有九亿人的印度，登记的佛教徒只有五百万人？怎么这么优秀的文化在你们这里凋敝得如此严重？你能回答这个问题吗？他一愣，就反问：那你怎么看这件事情？我说，我是很虔诚地来到印度，我想看看诞生佛教的这一片净土。但是很让我失望，我因此想到佛教传入中国的过程，印度当时也有高僧，像达摩大师，不辞辛劳，漂洋过海，来到中国向我们传播佛教。我们也有很多有名的僧人，不远万里，不畏艰难地来到印度求取经书，如玄奘大师、义净大师，我们孜孜以求，积极吸收外来的文明，这件事表明了我们中国人广泛学习，勇于开拓的精神。中国的知识分子在不断地探索着新的文化的融入，在他们所处的时代，有近千年的时间，中国的当政者们有的时候很支持，有的时候很反感，中间也产生了很多的悲剧，最终经过一代又一代智者的努力，佛教在中国落户了。自唐代以后，中国就成了佛教大国，也成了佛教的宗主国，但是没有一个中国的佛教徒会忘记佛教产生于印度，没有一个佛教徒会不感激这一外来文化给我们带来了文化的新的源泉。马克思主义传入中国不到一百年，你现在问，它能在中国坚持多久？那么佛教在印度都没有坚持下来，但在我们中国却坚持下来了，你们曾经把自己的美好的传统文化丢掉了，我们至今还把它当宝贝，我相信我们经过若干代之后，还会有很多的人把佛教当宝贝。社会主义同佛教一样，都是外来文化，社会主义文化传入中国还没有一百年，你们就预言社会主义在中国会失败，中国有一个成语叫水滴石穿。我们用一千年的时间锲而不舍地把佛教改造成中国文化中的一部分，我们也会把社会主义像佛教一样变为中国本土的文化，我们不缺这种精神。当然我这样跟你讲，不代表我们现在的社会主义就已经很完善了，我们还在路上探讨摸索。毛泽东说，"枪杆子里出政权"，这是马克思没有讲过的。邓小平又说"一国两制"，这也是社会主义文化的一次创新。这个教授听了之后，感到很震惊。他说，你从文化的角度来解释社会主义，过去我没有这样想过。我说，我是文化人，自然也就习惯用文化的观念来讨论政治。总的来说，中国传统文化的发展从二轮驱动变为了三轮并行，我称之为"儒为龙头，道佛为两翼"。在这样一种文化的格局下，中国的文化自信也应该说非常有底气。

今天谈到了传统文化在历史变革中的作用，主要向大家汇报了几个问题，第一弄清什么是传统文化；第二注意传统文化的时代转变；第三传统文化对我们当前社会的影响。现在的改革如果没有传统文化做支撑，很难深入到老百姓心中，很难让老百姓真正理解。我们只有用文化的观念来启发民众对改革的认识和理解，我们的道路自信，理论自信，制度自信才会落实到实处。

附：回答听众提问

王亚平：我是2005年到美国去访问，美国的一位学者向我提一个问题，我现在带着这个问题向您请教。这个美国学者说，包括美国在内的西方国家，他们的文化如果用一个词来概括的话，那就是"自由"，比如文化自由、经济自由等等。那么如果用一个词或一个词组来概括中国文化的话，那应该是什么？能不能用一个词来说明中国文化的特点？今天您一直在谈传统问题，谈到我们传统文化的儒释道三家，那么现在我们的传统文化，顺着这个理念，能不能用一个什么词来给我们做一个概括。

熊召政："自由"这个观念我也一直在想，民主与自由的观念在中国传统文化中都有所涉及，但都不是主流。如果一定要找一个词来概括中国传统文化，这是一件很难的事情。用和谐这个词，或许有所接近。

中国古代讲忠孝。张居正当了宰相之后，他的女儿结婚，他给女婿写了个对联：一等人忠臣孝子，两件事读书耕田。他说做人要么是忠臣要么是孝子，读书是精神追求，种田是物质需求。孝子对应家，忠臣对应国。国和家都安定了，国家就和谐了。

涂世创：传统文化，我觉得是一个民族历史的命脉，善于继承和弘扬传统文化的民族，是一个有希望的民族。我们中华民族历时上下五千年，传统文化应该是博大精深的，秦汉时代包括春秋战国时期，这个时候诸子百家为我们带来了大量的文化遗产，包括儒家思想、道家思想等，对中国古代社会产生了非常深远的影响，一直到后来的唐宋时期，那个时候中国的文化对整个东亚产生了非常重大的影响。那么现在的改革开放，包括西方文化思潮对传统文化也带来了很大的冲击，尤其是对年轻一代，很多传统的文化、一些好东西被丢弃了。你怎么看这个问题，这是第一个问题。第二个问题，我们现在提出实现中华民族伟大复兴的中国梦，包括政治、军事、经济、文化的复兴，你认为在实现中国梦的这个过程中，文化的复兴应该怎么去做？

熊召政：你的两个问题，第一个是西方文化对我们的影响。中国当前主要有三种文化，第一种是中国特色的社会主义文化，第二种是西方民主文化，第三种是包括儒释道在内的传统文化。这三种文化都在影响中国。不同文化影响不同的人群，西方文化冲击进来，受其影响最大的是年轻人。接着就是第二个问题，怎么样才能使自己的文化复兴，去正确认识这种西方文化的入侵。一个负责任的政府是由很多负责任的公务员组成的，一个负责任的政府就有一个负责任的社会。我们的政府、我们的社会要把这个问题思考透，要把这个问题传递给每个负责任的家庭，只有每个家庭的家长和每个学校的老师把问题思考透了，我们才有可能建立起正确的文化观、价值观。整个社会的文化自信起来了，文化复兴才有可能完成。

彭军烈：传统文化哪一些对我们今天的改革发展是有正面意义的，哪些传统文化对我们改革发展起阻碍作用的？

熊召政：列举这样一个表格是很困难的，我们中国传统的"核心价值观"，如果从明代开始到今天也有近七百年了。忠孝仁义礼智信，它对我们的影响是潜移默化的，这些价值观的体现是传统文化最核心的部分。另外一点，传统文化的影响要看地域文化。我们湖北是一个讲究创新的地方，从楚国人的锐意创新，到项羽、刘邦的起义，再到西汉末年刘秀等领导的绿林军起义，最后一直到明代，到现代，湖北一直是勇于革新的地区。红军长征到达陕北的有四支队伍，三支队伍都从湖北境内出发，只有一支中央红军从江西出发，这就是创新。在当今改革时期，我们湖北人是能够当勇士的，荆楚大地是我们脚下的一片热土，自古说燕赵大地多慷慨悲壮之士，荆楚大地又何止没有慷慨悲歌？这也是我们的传统文化，是我们值得继承的。所以，一方水土养一方人，一种文化也养一方人。明白这一点，我们就要用心研究发生在我们身边的文化现象。

2015年1月

在湖北省人大常委学习会的演讲

《司马迁》的创作心路

一、《司马迁》的创作缘由

司马迁一生有几件事情，大家是知道的，但大部分的生命历程大家并不知道。他是一个伟大的历史学家，但历史记载他的事情却寥寥无几。除了他为李陵辩护而遭受宫刑、他写《史记》、写《报任安书》这三件事情，他的生平很少为人所知。所以在我写作过程中，这个对象是历史呈现资料最少的一位。

我在接到这个任务的时候，第一件工作就是想了很多办法来搜集史料，这个搜集的困难在于史料很少，但我又非常喜欢、敬仰司马迁。十年前电视剧《张居正》在浙江横店影视城拍摄，冯远征出演冯保一角，我看他演戏非常认真，很欣赏他。到了晚上吃饭的时候，我跟远征说："你其实还适合演一个人物，司马迁。"远征说："我和他一样是韩城人，而且还是司马家族的后代。"司马迁受到宫刑以后，整个家族蒙羞，于是决议把司马姓拆分，把"司"左边加竖变成"同"，马加两点变成"冯"。于是我们一拍即合，十年来一直推动这件事情。前年，任鸣导演加入，变成了"三人同心，其利断金"。我开玩笑说，远征是司马家族后代，任院长是任安家族后代，我是屈原家族后代（屈原姓熊），我们三人家国情怀，一定把这件事做好。

这个戏从确定合作到现在是两年半的时间。9月15日这天首演，我和演员一样很紧张。今天丑媳妇要见公婆了，这个戏到底怎样，要接受观众的检验。首演晚上，我在台下紧张，他们在台上紧张，任导台上台下更紧张。为什么会这样？第一是因为司马迁在我们心中的分量太重，我们心中都有压力，没有把他放在艺术舞台上的高度去表现他。这是一部文人戏，文人戏很难写，没有动作。观众怎么样接受？所以我们既自信，又有种决战前夕的紧张。第二，司马迁这样的人物，舞台上对他立的高度不是我一人说了算，是所有主创团队的一次全方位的、通力的合作，从舞美、服装、音乐到主演、导演。所以这个戏承载的当下和历史两部分的责任都很大。第三个原因，去年10月15日，我参加习近平总书记主持的文艺座谈会，他讲到了文艺作品出现的问题："文艺有高原没有高峰"，呈现给观众和读者的作品缺少精品。又提出了批评："文艺不能当市场的奴隶"。如果创作只想着赚钱，有了这种铜臭之后就会利欲熏心，无法提高。他还提到"当前文艺界出现的问题，我找了很多同志谈过，我自己也观察过，就是两个字'浮躁'"。在这样的情况下《司马迁》上演。司马迁用十年的时间写一部《史记》，而且是家族几代人的接力，父亲未尽的使命在他手上完成。如果他浮躁，他也按照当时官场规则阿谀奉承，他也没办法写出这样的杰作。我这部作品，自认为是坐冷板凳写出的。我认为当作家不要把自己当成影视明星生活，作家就应该像司马迁坐在寒窑里写作。这也是我紧张的原因。

这部戏现在拿出来，想让大家评判，是不是浮躁？是不是金钱的奴隶？这部戏是在高原上面，但它是不是高峰？我们是自觉地想到，在文艺现状的情况下，我们几位志同道合的人怎样做出让观众喜欢的一部好作品。不是说所有商业运作的作品都不好，但至少在司马迁这个人物身上是没有办法进行商业化的。

二、我是怎样研究司马迁的

司马迁的资料太少，我就把他的生平找出来，发现他生命的整个过程被汉武帝涵括了。司马迁一辈子生活在汉武帝阴影里，他出生时汉武帝已经当了皇帝，他死了汉武帝还是皇帝。尽管他的资料少，但他同时期的资料是不少的。比如汉武帝的资料，以及李陵家族的资料、公孙贺的资料。汉武帝怎样执政？发生过哪些大事件？这个时候司马迁在做什么？多大年龄？我经过很长时间的梳理，司马迁人生的轮廓比较明晰了。

所以历史剧首先要有历史，我们要力求历史上的真实性。其次，要抓住历史在司马迁身上交汇的可能性。司马迁的资料少，就打开了我们想象的空间，但我们不能瞎想，要在指定的历史环境里来做这件事情。这样一来，事件就丰富了。写作过程是先从很少的资料一点点累积，到最后找了很多资料，再做减法。是"无—多—少—精"这个减法过程。我研究的过程很长，其实写的时间很短。第五幕写到汉武帝在黄河溃口这一节，汉武帝说："我写的诗你不给我改，你说写得很好。"这个素材就是在别的大臣资料里找到的，而且还有记录。为什么这场戏我放到最后写，就是艺术处理，引出后面司马迁要求死。这样对历史的取舍就让大家知道比较丰富、有个性魅力的司马迁。历史上只记录了他有一个夫人和一个女儿，她们的姓名都不知道，因为古人很少记录老婆和孩子的名字。有关司马家族，我们去韩城找他的家谱梳理。但是戏如果像写报告文学一样，平铺直叙事实，没有矛盾冲突，没有戏剧性就不好看。所以要把历史素材中有戏剧性的事件提炼出来，李陵事件是一个。宫刑算第二个戏剧性事件。历史上只说司马迁接受了宫刑，但所有关于他心理挣扎痛苦是没有的。在没有素材的情况下，你如何合理推断他有强烈的心里震撼和挣扎？《报任安书》里仅仅几十个字写他接受宫刑非常痛苦，我把它演变成第二幕。首先，愤愤不平是他的腰斩，但司马迁还是接受。因为他有强大的忠君思想，强大的尊严，接受死。但最后改成宫刑，他歇斯底里地爆发，痛骂刘彻。他觉得这种惩罚超越了他道德尊严的底线，因为宫刑是给"淫"者（荒淫无度的人）处施的，在今天就是道德败坏的人。他这样一生崇高的人，怎么会接受？每个家族出了这样的人，就会把他的名字从家谱中删掉，赶出居住的村庄，从此像孤魂野鬼一样游荡。这种侮辱落到了司马迁头上，他才歇斯底里地爆发，才去撞石头。这个时候我们让他把潜意识的部分调出来，他的父亲出场。在宫刑面前他父亲说："我在弥留之际给了你一个交代，完成史记。""史记你完成了吗？""屈辱地活着，只要有伟大的理想""你到底是活，还是死？"为了完成史记，司马迁选择了活，接受宫刑。这就是第二幕的第二个转折。

准备死——受到宫刑，准备撞墙死——父亲改变了他的想法，他要活——家人给他送行，他们知道司马迁的为人，绝对不可能活下去。他挣扎后，说他要活。如果戏剧只写接受宫刑这一件事，没有揣摩他内心的挣扎，这一幕戏就不好看，所以我让他有三个转折——死—活—死—活，让所有的人感到痛苦。这是写一个伟大人物在生死问题上的心路历程。最后父亲的话让他感悟到，也是在剧中反复说的"人固有一死，或重于泰山，或轻于鸿毛"。"我活的方式像狗，但我活着的意义像泰山。"这样司马迁的人格升华了。这个戏变虚为实，我想怎样让他这个人物在舞台上立起来，于是我让他在生死大考验面前进行，他所有的思考，所有艰难选择，通过"选择"这个过程，让观众走近他，欣赏他，理解他，最后崇拜他。

在解决这一问题后，他只做一次选择的话，戏会变得很浅。我让他在每一幕里都要做选择。第三幕，他回到故乡，不能住村子，挖一个窑洞。他应该已经过了"我要活"这一关，但是一到生活中，他理想上的自信往往会因生活中带来的折磨而产生自卑，打击他。看到夏阳的乡亲，听到黄河的涛声，他跪下了。"迁生龙门，这龙门就在眼前，多少回梦中，我听到黄河经久不息的涛声。如今，我回到了这里，我不再是那个体魄健全的人，我是接受了宫刑的刑余之人。"从自信变得自卑，怎么办？这是司马迁第一次在舞台上的大独白。远征第一天演出刚一跪下就泪光闪闪。我想起我写完这场戏给远征打电话念给他听，他在电话那头不断地说："太好了。"我说："你又有一次选择，你的自信垮了，让你重新在自卑上建立自信的就是你的二伯。"二伯说："迁儿，抬起你的头来，你看到了什么？""我看到了落日。""落日会永远消失吗？""不，明天太阳照常升起。""炎帝走了，黄帝走了，伟大的周朝诞生了；周朝分崩离析，大秦帝国又在这片土地上崛起；秦朝消亡了，辉煌的汉朝又来到了我们中间。我们的家族、民族和这一条黄河一样，冲出龙门，汹涌波涛永不停息。""故乡是依旧的青山，依旧的黄河，不会把你视作弃儿。你肉体受到了阉割，难道你的理智、尊严也阉割了吗？""不，我的理智没有被阉割，我还是强大的。只要有一只狼毫在手，我还有扭转乾坤擒龙伏虎的力量！"这是又一次扭转，又一次极度升华。我一直把司马迁放在火上烤，每一件事情都是在考验司马迁的强大，看他是不是真正有强大的人格，泰山一样的信仰。写到这一段，我也激情澎湃。

第四幕再次折磨他。司马迁和屈原的对话，为什么让两个人异代相通，因为我当年读了杜甫的《咏怀古迹五首》，他说他坐车坐到湖北荆州古城，寻找当年宋玉的家，已经找不到了。他在荆州的街上很失落地徘徊，"摇落深知宋玉悲⋯⋯⋯⋯萧条异代不同时，江山故宅空文藻，云雨荒台岂梦思。"四句诗就是我让司马迁和屈原对话的模板——"我非常知道你宋玉苍茫的心境，很可惜我们不是一个时代，但我们惺惺相惜。"我把杜甫这段感情用在司马迁和屈原上。很多人问我，是不是因为我是湖北人所以给屈原做广告，这只是很浅的理解。司马迁把屈原拔得很高，因为在他之前，富有悲剧命运的文人只有屈原。屈原在国难当头，受到极大侮辱的情况下选择慷慨而死，他用死来实现自己人格的理想。司马迁同样遇到这样的问题，他选择活也是为了完成自己。让生死都做出了正确选择的两个人，隔空对话，这展现出了中国古代文人的气节、风骨、精神。我当时完全站在司马迁的立场上写这段戏，不是因为屈原是湖北人。写这段戏照顾到整个历史的传承，这场戏的重要性是想让观众看到中国古代文人多么有骨气，他们精神多么崇高，把尊严看得比什么都重。

当他的二伯赞颂他的《屈原列传》写得好的时候，司马迁的妻女请求让他进入墓地，被二伯严厉的拒绝。这是最亲的人对他的打压："祖宗的规矩不能变"——再次折磨司马迁。司马河为了陪伴他，也不进墓地。一个长者可以牺牲自己，但不可以丢掉传统。我在写古代文人每一个形态，反映中国文人群体错综复杂的关系和每个人追求，以及他们共同点和不同点。

第五幕，司马迁和汉武帝思想上的巅峰对决。司马迁一直要死，汉武帝不让。写这场戏的初衷是：汉武帝是中国历史上少有的有着真正雄才大略的皇帝，在这样一个人面前能够做一个顶天立地的人是何其艰难，汉武帝一直不把司马迁当成值得特别尊重的人。但对话之后，才说"我这一朝，有两个人称作文圣的，一个是董仲舒，一个是你司马迁"，这才把他当一个大人物，但还没有承认他是英雄。直到汉武帝问"三千年的历史中有朕这样的人吗？""没有。""有你这样的人吗？"如果是阿谀奉承的文人肯定说："我这样的人多如牛毛。"但司马迁说："也没有。"司马迁告诉他，我们两个人都是三千年历史上独一无二的人。汉武帝一听，问："你都写了谁？""有明君，有烂臣，有英雄，有小人。"反映他笃定的立场。最后他说："你活着是为了你已经掌控了五十年的大汉江山，我活着是为了三千年的华夏历史。"汉武帝说："你的史诗是写在竹简上，我的史诗是写在山河大地上。哪一个更难？""请给我赐死，没有比死更难。"最后汉武帝说："你在我心里也算个英雄。"这一层层的递进，戏到了高潮。终于在千古一帝的心目中，这一朝有司马迁这样的英雄。所以我笔下的司马迁大家看起来很流畅，但在创作过程中是一层层地打击，让司马迁始终处在生活的逆境，让读者认识到他是不断地强大，而不是生来就这样。中国古代文人受了良好的道德文章的教育，他们的人生选择不像今天这样多元，到最后司马迁走回历史的长河中。这一点导演和舞美处理得非常好，让他在兵马俑的簇拥下回到了历史，向观众告别。

这就是我要向大家汇报的写作心路历程。

有些朋友认为剧中人物很多话都是我讲的，如果我没有对历史的感慨，没有对人物的理解，肯定是写不出来的。写这种非常有挑战性的人物，是对人生的完成和升华。辛弃疾有首词说得好："我见青山多妩媚，料青山见我应如是。"青山非常美，青山见到我也会觉得我很美，这就是我和司马迁心灵的沟通。

每天演出我都会在观众席，当编剧一个人坐在孤灯之下就着一本稿纸在写作的时候，如入孤单之境，但写作时候，很多未来的观众，都应该在他眼前。有记者采访我，你认为你和读者距离有多远？一个人写作的时候，我没有任何读者和观众，我面对的是我的人物，他们跟我隔着千山万水。可是一旦写完了，作品就不属于我了，属于社会的产物，我们又很近很近。我和读者的距离是一本书的距离，我和观众的距离是一个人物的距离。年轻的时候觉得自己很有才华，天不怕地不怕，怎么写是我的自由。现在我认为并没有那么大的自由，不仅要在心中一定给自己坐冷板凳，而对面的位置都是给观众坐的，心中必须有他们。我的选择题是，我必须尊重历史，尊重观众，尊重读者。

附：回答听众提问

问：杜一刀这个人物是杜撰出来的，在一个厚重题材剧里加一个这样有调味剂效果的人物，是不是为了迎合市场？

答：我们写一台戏而不是表扬稿，一定要有矛盾冲突。我让这个人承担着角色任务，让每个角色都有差异化。这个人物有转折——在他当监狱长的一年里发生了两件大事，牢不够坐，要不断地杀人才有位置。他害怕了，不知道自己什么时候也会坐牢。所以他告老还乡，但是他心里还是很害怕，因为他收受很多钱。我想通过这一个人物的转变，完成这个人物净化的过程。

问：这部戏既有浪漫主义的色彩又有现实主义的意义，我觉得王劲松演活了贪官，是《司马迁》这部剧的亮点，我不知道您设计的人物是不是结合现实中的反腐？

答：反腐不是这部剧的重点。我设计杜一刀是一个牢头，只有这个身份，才有可能和腐败结合在一起，也能有效进入戏剧，也非常容易集中矛盾。他是发囚犯财的，最后进牢的人多了，他反而害怕。他幡然醒悟，从他经历的事情和生命安全来考虑，是个复杂渐进的过程。汉武帝对公孙贺和杜周的态度是，"用人要用君子也要用小人，有时候小人比君子更好用"。这句话的意义是："我用你不见得信任你，我杀你不见得不欣赏你。"这反映出了一种帝王的心态。我在这部戏里写的每一个人物在舞台上都承担了应该承担的历史角色。

2015年9月19日

在北京人艺实验剧场的演讲

不住象牙塔，要坐冷板凳
——学习习近平总书记文艺讲话的体会

  我有幸参加了三次与习近平总书记关于文学艺术的重要讲话有关的会议。第一次是2014年10月15日，亲耳聆听了总书记在文艺工作座谈会上的讲话；第二次是2016年10月10日，在习总书记主持召开文艺工作座谈会并发表重要讲话两周年之际，中宣部在北京召开繁荣文艺创作经验交流会，中共中央政治局委员、中央书记处书记、中宣部部长刘奇葆出席会议并讲话。第三次是前不久，2016年11月30日，在人民大会堂再次聆听了习总书记在中国文联十大、中国作协九大开幕式上的重要讲话。

  下面我结合自己在近年来的创作中最真切的感知和感受，谈一下自己对总书记讲话的理解与体会，以及在今后创作中如何遵循总书记给我们指引的道路。

第一点是坚定文化自信。总书记在讲话中说："广大文艺工作者要善于从中华文化宝库中萃取精华、汲取能量，保持对自身文化理想、文化价值的高度信心，保持对自身文化生命力、创造力的高度信心，使自己的作品成为激励中国人民和中华民族不断前行的精神力量。"他还说："实现中华民族伟大复兴，必须坚定中国特色社会主义道路自信、理论自信、制度自信、文化自信。"其中的"文化自信"，是2013年总书记在全国人民代表大会召开期间到贵州团听取审议报告时首次提出的。

总书记这次用了很大篇幅论述了文化自信。为什么要有文化自信？总书记说："中华文化既是历史的、也是当代的，既是民族的、也是世界的。只有扎根脚下这块生于斯、长于斯的土地，文艺才能接住地气、增加底气、灌注生气，在世界文化激荡中站稳脚跟。正所谓'落其实者思其树，饮其流者怀其源'。"在提出"接住地气、增加底气、灌注生气"这"三气"后，他又提出，"我们要坚持不忘本来、吸收外来、面向未来"。早在2013年的人大会上，李克强总理做的政府报告中就提到，文化是血脉，是精神家园；第二年又提出，要建立书香社会。2013年我亲耳聆听了这个报告，并在当时的发言中，提到了当下文艺界的种种堪忧的乱象。我认为，作用于当代生活的有三种"文化"，一是由执政党领导的、在党政公务员和国有企业中提倡的社会主义文化，这是中国的主流文化；二是中华传统文化，这是能够走进千家万户、对广大社会群体起到作用的民族文化；三是在年轻群体中起作用的西方流行文化。其中的第三种文化，基本已经"控制"了当代的年轻人，这种西方流行文化真的是"不战而胜"，赢得了年轻人，并将导致我们的传统文化出现新的断裂，后继乏人。这是我们必须要认真对待和思考的一个问题。

总书记在提到文化的时候，提出了中华文化和中华传统文化两个概念。这二者有何区别呢？中华文化应该是包含了中华传统文化、革命文化、社会主义文化的。在报告中，总书记专门讲了一段话："中华文化独一无二的理念、智慧、气度、神韵，增添了中国人民和中华民族内心深处的自信和自豪。在5000多年文明发展中孕育的中华优秀传统文化，在党和人民伟大斗争中孕育的革命文化和社会主义先进文化，积淀着中华民族最深沉的精神追求，代表着中华民族独特的精神标识。"讲到这里时，总书记当时还脱稿说："中华优秀传统文化，这可是我们的宝贝啊！"这是正式报告中没有的句子。总书记说："这几年，我见到很多国际友人，他们对我们老祖宗留下来的文化都表示了十分的向往。"因此，我们坚定文化自信，就是应该坚定中华传统文化、革命文化和社会主义文化的自信。中华文化给人类提供了新的精神标识，我们作为作家、文艺家，必须把它当作精神标识来进行研究思考，并在这个精神坐标下创作出作品。

文化自信是文艺繁荣的前提。文艺在我们国家是从《诗经》开始的传统，它因时而兴、乘势而变，载义载道。文艺家要用心中的笔，写出心中的理想，"做到胸中有大义、心里有人民、肩头有责任、笔下有乾坤"。"时"是指某一个特定的时间和时代；"势"是一种思想、一种观念，受到主流思想的影响。明朝嘉靖年间，皇帝想要长生不老，崇尚道家，吴承恩的《西游记》就写了一个智商不高的和尚和一群徒弟去西天取经的故事。这就是时代的产物，写的是当时的社会潮流，抨击的也是当时的政局，是因时而兴、因势而起。明朝张居正曾写过一副对联：一等人忠臣孝子，两件事读书耕田。忠与孝，就是明朝的主流价值观。《三国演义》要写天下第一忠，就塑造了关羽等一批"忠"字当先的人物形象。虽然后世很多人推崇曹操，但他在书中却是一个奸臣。这也符合明朝的价值观。文化自信不是无根之木，它是对当下的文化、当下的执政者推行和奉行的文化的自觉遵守。这种遵守是不是脆弱的呢？当然不是。就像我刚刚提到的这两部古典名著，它们遵从了当时的主流价值观，顺应了当时的主流文化。文化自信的关键，在于一代作家、艺术家有没有一支生花妙笔、如椽巨笔，而不是简单地去做政策的图解，去写阿谀奉承的文字。那些廉价的歌颂和政策配合性质的应景之作是没有意义的。文化自信应该是我们重塑英雄、重塑社会的综合能力，是能把时代、社会的精神风貌凸显出来，为后世写出当下的时代精神和文化精神标识的能力。这才是最重要的。

第二点是关于礼赞英雄。"祖国是人民最坚实的依靠,英雄是民族最闪亮的坐标……"总书记在念这段话时是充满深情的,语调不疾不徐,意在使每一句、每一字都能让大家听得见、听到心里去。这也是他第一次公开道出关于英雄崇拜的观点。总书记说,"对中华民族的英雄,要心怀崇敬,浓墨重彩记录英雄、塑造英雄,让英雄在文艺作品中得到传扬,引导人民树立正确的历史观、民族观、国家观、文化观,绝不做亵渎祖先、亵渎经典、亵渎英雄的事情。"

我觉得,总书记的这段话是有明确的针对性和现实意义的。当下的文艺市场上,经常有一些不好的东西在毒害群众,它们让我们的老百姓尤其是年轻人,对自己的民族不尊重、不热爱,对祖先的功绩妄加菲薄。我们的文艺也没有通过对英雄的描写来为人民树立起国家和民族的荣誉感。总书记的这段话对我来说也是很有感触的,让我想到了自己的创作历程。当年我要写张居正,文坛的很多朋友是有反对意见的,他们认为,要写就应该写康熙、雍正、曾国藩等家喻户晓的人物,而不是张居正这样连文化圈都不熟悉的人物,写张居正是在浪费自己宝贵的时间成本,不会有人关注,不会成功的。而我却坚信,"洛阳虽好不是家",我的家在书房,不在商场;在文化历史的长河上,不在一时一地的所谓"成功"中。经过数年的史料研究之后,我觉得张居正就是一位改革英雄,但他被历史淹没了，我们有责任让他回到国家和民族的记忆之中。犹记得1998年我去荆州寻找张居正的陵墓，几经辗转，在当地的博物馆里打听到了下落。来到墓前，看着被污水包围、已经断成三截的墓碑，我感慨万千，当时就立誓：一定要让他从历史中"复活"。后来我还通过多方努力，费了不少周折，让张居正的墓得到修复。当时的省委书记还指示，修复这个墓不要乱修，要按照明朝当时的礼制规制来修复。这件事给了我一个信念：当你在为一个民族的英雄发誓发心去做点事情的时候，总能赢得社会上的正能量对你的鼓励和支持。我们作为一介书生，力量也许是很微小的，发出的声音是很微弱的，但是不能因为微小就不去做那些正确的和有意义的事情。只要不忘初心、不忘本心，你所做的一切正能量的事情，社会还是会有所回响的。

我写的《张居正》当年以全票获得了茅盾文学奖，这样的殊荣在以前直到现在也是没有的。在写《张居正》的时候，我不断地提醒自己，要像曹雪芹那样披阅十载，坐冷板凳，潜心打磨。我当时一遍遍地改，不满意的稿子宁可烧掉重来。在第一卷快要出版的时候，我发现还有修改的空间，一咬牙就把1998年一整年的劳动成果三十八万字全部烧掉重写。这是需要一种决绝的心理素质的。这次总书记在报告中讲到要"礼赞英雄"，使我怦然心动。礼赞英雄和一般的赞美是不一样的。"礼赞"是要怀着敬畏之心，供上圣殿和神台，以谦卑的情怀去回望历史，去看待英雄。总书记为什么会大声疾呼要礼赞英雄呢？对此我冷静地反思了一番。我认为，这是因为我们今天的作家、艺术家，被这个时代里太多的家长里短、飞短流长所牵绊，很多时候都没有进入认真下功夫的创作状态，"精神侏儒"在我们文艺界还是很普遍的。英雄本身就是有气节、有渴望、有情怀、心志高远的人。像陆游、苏东坡、辛弃疾这样的大文学家，在受到挫折、受到贬谪的时候，还能写出"死去元知万事空，但悲不见九州同""大江东去，浪淘尽，千古风流人物""老夫聊发少年狂，左牵黄，右擎苍，锦帽貂裘，千骑卷平冈"这样豪迈和雄浑的词句。今天的作家、艺术家受到一点委屈、一点挫折，就放大这种所谓不公平，牢骚满腹，满纸戾气，与社会进行抵抗，对周遭环境做出"愤青"式的不负责任的诳语，这怎么可能写出好的作品。我写《张居正》用了十年，写《大金王朝》用了十三年，漫长的写作过程，其实就是坐冷板凳的过程。人生能把一件事做好就很了不起了，不要总想着著作等身，心里应该想着，这本书、这个作品，能不能对得起时代、对得起自己的艺术良心。

英雄是一个民族的精神坐标。中华民族也不只有汉民族，中华文化也不只是汉文化。中华文化是生活在华夏这片大地上所有人共同的文化，每一个民族的文化都是我们的文化，我们要像尊重自己的民族文化一样，去尊重各民族的文化，否则，"中华文化"就名不符实、名存实亡。这样的表述显示了一种何其宽广的文化胸怀！我们要跳脱意识形态的束缚，用更博大的胸襟去看待中华文化。把意识形态作为第一标准，一定不是一个时代对文艺的要求。文艺是对人民负责，对国家负责，对民族负责。党所创造的文化，也是中华文化的一部分，除此之外，也有更为广阔的其他文化。

第三点是尊重历史、创造史诗。尊重历史一定要有正确的历史观。总书记在这次的报告中，对历史和历史文学有专门的表述，让我感到非常惊讶。他专门把历史拿出来说："历史也是一位智者，同历史对话，我们能够更好认识过去、把握当下、面向未来。'观古今于须臾，抚四海于一瞬'。没有历史感，文学家、艺术家就很难有丰富的灵感和深刻的思想。文学家、艺术家要结合史料进行艺术再现，必须有史识、史才、史德。"现在文艺界很多作品是在戏说历史、甚至臆造历史，胡乱地"穿越"历史，这是对历史的亵渎和不负责任，是一种极端的历史虚无主义。对历史的不尊重，也就是在亵渎神灵、亵渎文化。也正是因为这些存在于当下历史领域的创作问题，总书记才把"历史"拿出来单独论述了一番，提出要尊重历史、礼赞英雄。一个作家应该居于群山之巅，俯瞰大千世界。仰望只能仰望天空，而不是仰望哪一个人。只有站在历史和文学的最高峰，才能写出伟大的作品。

最近我担任编剧的一部大戏《戚继光》准备送审，但因为是香港导演拍摄的，他为了增添一些武戏的元素，对剧本的内容有所改动加工，我还没有签字。我认为，所有的英雄是有生命的，他们的生命光彩夺目，我们今天追逐他们的背影、聆听他们的马蹄声，应该去真实地还原这些丰满的血肉与生命,而不应该妄加篡改。

第四点,文艺要服务于人民。伟大的文艺作品要能抒写大写的人、大写的风骨与人格。总书记引用了歌德的话:"如果想写出雄伟的风格,他也首先就要有雄伟的人格。"现在很多文艺家都甘愿奉行市侩哲学,太过计较个人得失,忘了作家、艺术家应该具有的格局。文艺家首先要学会的,就是赞美别人,赞美英雄,赞美时代,赞美我们身边的人。所谓"雄伟的人格",就是能容忍寂寞、崇德尚艺,就是"德艺双馨"。艺术家不要关在象牙塔里面写作,写大作品要学会坐冷板凳,只有更多的人坐在冷板凳上,我们国家的文学艺术才有前途。

习近平总书记在讲话中特别说到了,"文艺创作是艰苦的创造性劳动,来不得半点虚假。那些叫得响、传得开、留得住的文艺精品,都是远离浮躁、不求功利得来的,都是呕心沥血铸就的。"他希望广大文艺工作者要有"板凳坐得十年冷"的艺术定力,有"语不惊人死不休"的执着追求。只有如此,"才能拿出扛鼎之作、传世之作、不朽之作"。

我对总书记的这段话可谓感同身受。我写《张居正》,我坐了十年冷板凳。2009年冬天,我写过一篇文章,题目就叫《坐冷板凳》。其中写到了《张居正》获奖以后,有记者问我:"你觉得文学的最高境界是什么?"我说,就是在自己心中放一条冷板凳,每天在那条冷板凳上坐一坐,不要为功名所累,不要让世俗牵着鼻子走，这一条非常重要。我写第二部长篇历史小说《大金王朝》，又坐了十三年冷板凳，直到现在还在坐着，因为第三卷的完成，至少还需要一年的时间。

是的，只有付出了无数个个体的寂寞，才可能抵达整体的艺术高峰。文学的繁荣不是靠一个人，而是靠每一个人在冷板凳上写出的作品叠加起来去实现的。聆听了总书记的报告，我有十个字最强烈的感受，那就是：不住象牙塔，要坐冷板凳。

2016年12月8日

在湖北省文联文艺座谈会上的演讲